Muhammad

Una Auténtica Visión General

de su Vida y Misión

MUSTAFA UMAR

Traducción de César Domínguez

Título original en inglés:

Muhammad: An Authentic Overview of His Life and Mission

© 2014 de Mustafa Umar

Impreso en los Estados Unidos de América

ISBN-13: 978-1501068799

ISBN-10: 1501068792

www.mustafaumar.com

En el Nombre de Dios,
el Más Misericordioso, el Compasivo

CONTENTS

Prefacio

Comienzo por dar alabanzas a Allah[1] y pedir Sus bendiciones para el último mensajero Muhammad[2] y para todos aquellos que siguen su ejemplo.

Este libro presenta la vida de Muhammad, quien fue elegido por Allah para servir como el último medio a través del cual conocemos la razón de la existencia. No basta simplemente creer en 'Dios' como el creador de este mundo, sin preguntarse sobre la finalidad de nuestras vidas. Esta actitud tan limitada es conocida como 'deidismo' y usualmente es el resultado de creer, en términos muy generales, que todas las religiones han sido creadas por el hombre. Según el islam, Allah envía a los profetas para guiar a los seres humanos. Cuandos éstos niegan esa guía o la manipulan con adiciones u omisiones, tal como ha sucedido a lo largo de la historia, otro profeta es enviado. En este sentido, podrá hablarse de una religión – alterada - que ha sido creada por el hombre, aunque cuente con muchos elementos de verdad. Muhammad fue el último de los profetas enviados por Allah y llegó en una época cuando los mensajes anteriores transmitidos por Abraham, Moisés, Jesús y todos los demás profetas ya se habían corrompido o perdido.

---

[1] Allah significa Dios en la lengua árabe y así se mencionará a lo largo del libro, excepto cuando el contexto se refiera directamente a una narrativa judía o cristiana.

[2] El musulmán usualmente incluye las palabras "que la paz sea sobre él" cuando se menciona el nombre de algún profeta. Estas palabras se omitirán en este texto para darle fluidez. El gran Imán Aḥmad ibn Ḥanbal (f. 241 D.H.) utilizó asimismo esta metodología.

La intención de escribir un libro sobre la vida de Muhammad surgió en el momento en que tuve a mi alcance algunos libros sobre el tema. El contenido no fue de mi gusto, ya sea por tratarse de una mala traducción de otro idioma dirigida a un público muy distinto, o debido al estilo marcadamente académico que no fluía como otras biografías que he leído. Pasó largo tiempo antes de sentir el valor suficiente para escribir un texto acerca de una personalidad tan grande y sobre un tema tan sensible, teológicamente hablando. Cada vez que comenzaba a reunir notas, me daba cuenta de lo poco preparado que estaba para esta labor. Además, aquella alarmante declaración del gran erudito Hafidh al-Dimyati casi me hace renunciar por completo a la idea de escribir el libro. Este maestro se lamentó de haber utilizado pocas fuentes de información al escribir un libro sobre la vida del Profeta. Se había dado cuenta que reprodujo los mismos errores de otros autores; pero fue demasiado tarde. Su libro había alcanzado gran distribución y esos puntos ya no podían retractarse.[3]

De cualquier manera, la escasez de material confiable y de fácil comprensión es lo que me ha motivado a escribir este libro. Tanto musulmanes como no musulmanes cuentan con muy pocas fuentes de información veraces sobre la vida del Profeta Muhammad, además de los trabajos de académicos orientalistas y misioneros. Hay que mencionar también las colecciones de algunos eruditos contemporáneos, que escriben de buena gana, pero sin verdadero conocimiento y, a veces, con doble intención. Ya sea que el tono de estos trabajos genere polémica o aparente ser neutral, el veneno de ideas érroneas sobre el Profeta del Islam deja su marca en el lector.

---

[3] Al-Asqalani, Ibn Hajar, *Fath al-Bari* (de *Al-Maktabah al-Shamilah* [CD-ROM] 2.0) 12:126.

Salvo ciertas excepciones, los trabajos en inglés de autores musulmanes usuamente son traducciones deficientes de textos anticuados o mal documentados, escritos para un público específico en una época específica. Hay, por lo tanto, una necesidad urgente de contar con un trabajo completo, accesible, auténtico y académico, todo en un mismo texto. El presente es un intento por cumplir con estos nobles requisitos.

Ruego a Allah que acepte mi esfuerzo y cuente el tiempo que he invertido en esto, al menos de alguna forma, como los sacrificios de gente como Mus'ab ibn 'Umayr, quien presentó al Profeta con el pueblo de Madinah y, más tarde prestó su cuerpo como escudo para proteger al Profeta durante la batalla de Uhud. Es un hecho que Allah sólo ha dado la perfección absoluta a su propio libro, el Qur'an. Por lo tanto, mi éxito en este trabajo queda sólo con Allah y le pido a El que pase por alto mis defectos y mis fallas.

Mustafa Umar

Leicestershire, Reino Unido, diciembre de 2011

Introducción

La Necesidad de una Representación Auténtica

Hoy en día es más urgente que nunca aprender sobre la vida del Profeta Muhammad. La cantidad de información errónea y la ignorancia generalizada sobre el islam han ocasionado gran confusión y no menos prejuicios. Es mucha la gente que se forma todo un juicio sobre el carácter del Profeta, o acerca del islam, tan sólo con haber escuchado pequeños detalles – uno o dos – sobre su vida. Tal es el poder de la mala información. Para empeorar aún más las cosas, en la actualidad se considera que es posible emitir juicios y conclusiones basándose simplemente en un pensamiento crítico, sin importar si todos los detalles están presentes o no. Es como si un juez respetable emitiera sentencias basándose únicamente en su razón, sin hacer caso de las evidencias.

La vida de Muhammad en realidad representa la historia del islam en su manifestación final. Esa historia incluye la forma en que recibió la revelación, la persecución y dificultades que enfrentó al dar a conocer el mensaje, así como la propagación del islam dentro y fuera de Arabia. La vida del Profeta del Islam nos habla de cómo fue Muhammad en verdad. ¿Cómo se conducía en público y en privado? ¿Qué pensamientos pasaron por su mente? La gente respondió de diferentes formas al mensaje que él recibió de Allah. Algunos lo rechazaron, tachándolo de impostor. Otros lo llamaron un loco y se alejaron del mensaje. Unos más sí lo aceptaron como verdadero profeta y siguieron sus enseñanzas.

En la actualidad, muchos dicen pertenecer a una cuarta categoría, aparentemente neutra. Se reservan su juicio sobre la misión profética de Muhammad y no hacen conclusiones. Esta indecisión comúnmente es resultado de una pereza intelectual o un desinterés por asuntos que tengan que ver con religión.

Hay quien podría decir: "Existen tantos personajes importantes en la historia, ¿cuál es la necesidad de conocer la vida de Muhammad?" La respuesta es simple y, también, multifacética. Muhammad es único en su afirmación de ser el último mensajero, con el libro definitivo de la guía divina. Esto lo hace diferente de cualquier otro líder, filósofo, místico, artista o demás. Quienquiera que crea, o esté dispuesto a creer, que el mundo es producto de una 'Inteligencia Superior' que muestra a la humanidad la finalidad de la existencia, encontrará en Muhammad a un conducto que nos ha transmitido ese mensaje. Su vida debe ser estudiada libre de prejuicios, viendo los hechos tal y como ocurrieron, sin seguir el modelo de otras corrientes religiosas o filosóficas.

Si un lector no se atreve a proceder de tal forma, entonces al menos podrá aclararse dudas sobre ciertos aspectos importantes de la vida de Muhammad: ¿Fue un hombre generoso o cruel?, ¿qué lo llevó a la guerra?, ¿cómo se dio a conocer su mensaje, ¿qué trato dio a quienes se negaban a creer en él? Responder con imparcialidad a estas preguntas determina la actitud del individuo hacia el islam y también influye en la opinión colectiva de una nación que, a su vez, puede contribuir a actos tan violentos como el genocidio.[4]

---

4 La inquisición española y, más recientemente, la invasión de Bosnia por Serbia son ejemplos perfectos de tal terrorismo, el cual requiere una gran dosis de islamofobia para engañar y lograr el apoyo de la población en general.

La Necesidad de que los Musulmanes conozcan al Profeta

Los musulmanes tienen una gran necesidad de conocer a su Profeta, al igual que los no musulmanes. Las siguientes razones son sólo parte de los grandes beneficios de tal estudio.

Prueba de su Misión Profética

Su vida misma es prueba suficiente. Ser musulmán en el sentido completo de la palabra significa estar convencido de que Muhammad fue lo que dijo ser: un profeta enviado por Allah. Para que esa convicción sea firme y sólida, debe trascender lo que se hereda de los padres y estar basada en el conocimiento. Después de estudiar su vida, no es difícil comprender que Muhammad habló con la verdad. Su historia revela que carecía de motivos ulteriores para soportar las dificultades que tuvo que enfrentar. Su sinceridad y su carácter, la claridad y consistencia de su mensaje, han llevado a millones de personas a aceptar la religión del islam, aún en una sociedad tan escéptica como la occidental.

Modelo a Seguir

Muhammad es un ejemplo para todo aquel que quiera seguir sus pasos. El Qur'an dice: *"En verdad que en el Mensajero de Allah tenéis un excelente ejemplo"*.[5] Otro pasaje se dirige directamente al Profeta: *"En verdad que eres de eminente carácter"*.[6] Todos necesitamos en la vida de un modelo a seguir. Es una necesidad humana. Sin embargo, la cultural popular de la actualidad, junto con la mercadotecnia, han estado indoctrinando incesantemente a los musulmanes, jóvenes y

---

[5] Qur'an 33:21

[6] Qur'an 68:4

viejos, que son como un cántaro vacío bajo la lluvia y adoptan a cualquier personalidad efímera como su modelo a seguir. Aún aquellos musulmanes con mayor conocimiento y comprensión de lo que es la identidad musulmana, están en peligro y se ven forzados a asumir una actitud defensiva. El fenómeno de una cultura popular global es provocado por la ambición o la arrogancia, más que por el deseo de lograr el bien común. La mejor defensa para un musulmán es tener al Profeta como el mejor modelo a seguir y al islam como la forma de saber las mejores cualidades que una persona digna de admiración debe poseer.

Amor Sincero

Es posible amar a una persona sin conocerla por completo. Sin embargo, este tipo de amor es superficial y puede desaparecer al conocer más detalles sobre la persona. El amor que reciben las personalidades famosas y las celebridades es así; sus admiradores saben poco de sus verdaderas vidas.

A los musulmanes se les enseña a amar al Profeta más que a ninguna otra persona, incluso más que a sí mismos. Para cultivar ese amor por el Profeta, primero hay que conocerlo, saber cómo fue, cómo atendía las necesidades de sus seguidores (y aún de los que no lo eran).

A una persona se le ama por sus cualidades y su forma de proceder o por los beneficios que otorga. Los musulmanes aman al Profeta por ambas razones. En primer lugar, el hecho de haber sido elegido por Allah significa que el Creador del Universo ha dado fe de sus cualidades y características. En segundo lugar, sus enseñanzas nos dicen cómo servir a Allah, aún siglos después de su partida. De hecho, en el Qur'an se le ordena declarar a la gente: *"Di, si amas a Allah, sígueme. Allah te amará y perdonará tus pecados"*[7]

Una Imagen Equilibrada

Su vida da testimonio de la sensatez y ecuanimidad del Mensajero de Allah. Hay muchos aspectos de su vida que son ignorados por los musulmanes, mientras que otros adquieren demasiada importancia. Explorar cien o mil hechos del Profeta narrados por sus compañeros jamás nos darán una visión completa de quién fue él, si esas narraciones se limitan a un sólo aspecto de su carácter y se limitan a unos cuantos días de su vida. Es necesaria una visión más holística de su vida. Así conoceremos las decisiones importantes que tomó durante su vida. Su misión profética pasó por varias etapas de transición en veintitrés años de duración: de mantener el mensaje en secreto a proclamarlo abiertamente, de soportar la persecución a combatirla, etc. Cada situación tuvo una razón de ser y nos aporta un ejemplo a seguir cuando tales circunstancias se presentan.

Contextualizar las Fuentes de Información del Islam

La vida del Profeta contextualiza las fuentes principales del islam: el Qur'an y el Hadith[8]. Sin tal marco de referencia, ciertos versos del Qur'an o dichos del Profeta fácilmente son malinterpretados. Hay muchos versos y enseñanzas sobre fe y moralidad, parábolas, etc., que son claros y directos y no requieren gran contexto para ser comprendidos. Sin embargo,

---

[7] Qur'an 3:31

[8] *Hadith* se refiere a cualquier dicho o acción del Profeta. Estos *hadith* están compilados en libros y sirven como fuente principal para conocer los dichos y hechos del Profeta.

también hay versos y enunciados que deben entenderse en su contexto histórico, ya que tratan de situaciones existentes durante la vida del Profeta. Sin tal información histórica, estos versos no podrán comprenderse debidamente.

Los versos que llaman a la paciencia en momentos de persecución pueden servir de ejemplo. Sin conocer los hechos históricos de la persecución que sufrieron los musulmanes, dichos versos perderán gran parte de su significado. Los enemigos del Profeta lo acusaron de ser un poeta. Sin comprender la importancia de la poesía en la cultura árabe, el desafío que el Qur'an significó para los genios literarios de ese tiempo y la hostilidad de aquellos que negaron la misión profética de Muhammad, es difícil entender el significado de tal acusación. Un último ejemplo puede encontrarse en las batallas ocurridas entre los musulmanes y sus enemigos. Estas guerras han sido mencionadas por nombre en el Qur'an (por ejemplo, la Batalla de Badr); sin un conocimiento de las circunstancias históricas de dichas batallas, el lector del Qur'an no sabrá decir de qué se está hablando.

Gran cantidad de musulmanes en la actualidad no se dan cuenta de lo importante que es conocer ese contexto histórico. Esto habla de una ignorancia general sobre el islam y representa un verdadero peligro cuando los textos impresos sobre el islam están al alcance de las manos, o las computadoras portátiles, de prácticamente cualquier individuo, musulmán o no musulmán. Un análisis del contexto debe acompañar al texto escrito para éste sea realmente de beneficio al lector. La vida del Profeta sirve como una introducción general al islam. Es el marco a través del cual es posible interpretar cualquier incidente ocurrido y situarlo en el lugar apropiado.

Metodología

Ya se han escrito miles de libros sobre la vida del Profeta Muhammad y así seguirá siendo hasta el fin de los tiempos. Cada libro cumple un propósito específico. Por lo tanto, nadie debería decir que ya no hay necesidad de una biografía más. El presente trabajo se basa en varias fuentes de información. Aunque no pretende ofrecer una investigación innovadora, sí cuenta con algunas características que lo hacen especial.

Enfoque Integral

Esta biografía se limita a narrar los hechos más significativos en la vida del Profeta, sin prestar atención a pequeños detalles innecesarios como el linaje de cada individuo mencionado, la historia de las tribus árabes, información geográfica detallada o cualquier otro de poco beneficio para el lector común. Relatar detalles específicos de cada hecho en la vida del Profeta daría como resultado un libro demasiado extenso para fines prácticos.

Por supuesto, habría que cuestionarse qué hace a un hecho ser 'significativo'. He seleccionado aquellos que yo considero los eventos y detalles más importantes, en base a tres criterios. Primero, se da prioridad a eventos mencionados en el Qur'an. Si Allah decidió mencionar un evento en Su libro, significa que es algo de absoluta importancia. Segundo, se ha dado la debida atención a información y eventos seleccionados por la mayoría de los biógrafos del Profeta. Esto es un reconocimiento a los eruditos del pasado y sirve, además, para unir criterios sobre cuáles aspectos de la vida del Profeta son más conocidos dentro de la sociedad musulmana. Tercero, se ha dado preferencia a los hechos que ofrecen las lecciones más relevantes para el lector occidental común, por encima de aquellos cuyas lecciones son quizás específicas para ciertos individuos.

Una de las razones por las que estudiamos la historia es para entender el presente y construir el futuro. Sólo cumpliremos este propósito si nos esforzamos en tratar de extraer lecciones del pasado y no dejarlas pasar como simples acontecimientos sin uso práctico en la actualidad.

Autenticidad ante Todo

Este trabajo procura ser rigurosamente académico y da prioridad a las fuentes de información más auténticas. Históricamente, los eruditos musulmanes no han sido tan estrictos en el proceso de compilación de biografías del Profeta. La metodología utilizada por tales eruditos podría describirse con lo dicho por el gran Imam Aḥmad ibn Ḥanbal acerca del más famoso de los primeros biógrafos del Profeta, Ibn Isḥaq: "Podremos reportar sobre la vida del Profeta y otras cosas con el trabajo de un hombre como Ibn Isḥaq. Sin embargo, para hablar de lo que es permitido (*ḥalal*) y lo que es prohibido (*ḥaram*), necesitamos gente así de fuerte (y cerró el puño)".[9] Esta declaración muestra que un criterio de autenticación más laxo fue empleado en aceptar hechos históricos que no afectaban la religión del islam.

El razonamiento es simple. Un musulmán no debe creer algo que se dice sobre Allah basándose en una narración débil. El islam nos enseña lo que uno debe creer acerca de Allah, cómo rendirle culto y cómo vivir correctamente. Todas estas enseñanzas vienen directamente de Allah y no deben mezclarse

---

[9] Al-Mizzi, *Tahdhib al-Kamal* (en *al-Maktabah al-Shamilah* [CD-ROM] 2.0), 24:422; al-Bayhaqi, *al-Asma' wa al-Ṣifat* (en *al-Maktabah al-Shamilah* [CD-ROM] 2.0), 2:420.

con reportes históricos de dudosa autenticidad. Sin embargo, si alguien llega a aceptar que cierto acontecimiento ocurrió en tal mes, o que cierta persona tenía cuarenta años de edad, no sería perjudicial para la fe si tal información resultara ser incorrecta.

Esta es precisamente la razón por la que los eruditos musulmanes han sido indulgentes al aceptar reportes históricos, pero sumamente estrictos al adoptar algo referente al credo o la ley islámica. Sin embargo, algunos autores fueron demasiado indulgentes e incluyeron cualquier historia que les pareció interesante. Es más, aún en biografías populares del Profeta, es posible encontrar algún libro con enseñanzas no totalmente de acuerdo con el espíritu del islam. En el presente trabajo, seguiremos la misma metodología utilizada por la mayoría de los eruditos; pero seremos más cuidadosos al utilizar fuentes históricas. Estamos conscientes de la confusión que pueden crear los relatos verdaderamente extraños o inverosímiles en la mente del lector moderno.

Causas detrás los Hechos

Los primeros biógrafos del Profeta generalmente reportaron incidentes en la vida del Profeta con un escaso o nulo análisis de los hechos. Esta forma de relatar sucesos puede considerarse muy honesta, puesto que reporta los hechos tal y como son; pero también es verdad que ha dado lugar a muchos malentendidos. Por ejemplo, es común encontrar varios capítulos en fuentes históricas que afirman que el Profeta atacó tal ciudad, pero sin mencionar por qué lo hizo. Esta práctica ha llevado a algunos historiadores modernos con escaso conocimiento de ley islámica a suponer que el musulmán no requiere de motivo alguno para emprender un ataque. Libros escritos por orientalistas,[10] por otra parte, han ido al otro extremo al querer adivinar el pensamiento de cada personaje de la historia, inventando motivos singulares y haciendo conjeturas que pasan por alto reportes históricos bien documentados. Este libro intenta seguir una línea equilibrada, indicando las causas y motivos de acontecimientos y decisiones que son suficientemente descifrables.

Destacar Hechos del Pasado

El presente trabajo no sólo narra la historia, también se ocupa de encontrar las lecciones que los hechos del pasado nos enseñan. Tal análisis se desarrollará dentro la misma narración. Este método sigue el ejemplo del Qur'an, el cual narra historias que, más allá de entretener, ofrecen una lección y enseñan valores morales. Las lecciones de cada acontecimiento serán seleccionadas por su relevancia actual.

---

[10] El orientalista es el erudito occidental que estudia el islam. Este término es usado rara vez hoy en día, quizás debido a la crítica del término mismo 'oriente' en el libro *Orientalism* de Edward Said.

La Vida del Profeta como Género Literario

Al poco tiempo de la muerte del Profeta Muhammad, sus compañeros abrieron escuelas para enseñar el islam a sus estudiantes. Fue en esos centros de aprendizaje donde se desarrolló una disciplina que se ocupó en estudiar la vida del Profeta de principio a fin. El tema llegó a ser conocido como Sirah, es decir, la biografía del Profeta. Surgió otra rama de conocimiento, conocida como Hadith, que registraba los dichos y acciones del Profeta.

No hay que pensar que se trata de lo mismo. La ciencia de Hadith consiste de sucesos particulares que generalmente encierran una enseñanza del islam. Los libros elaborados en la disciplina de Hadith usualmente se organizaron por tema: asuntos de la fe, ley, exégesis, etc. La ciencia de Sirah, por otra parte, fue un intento de presentar una narración cronológica sobre la vida del Profeta, dando preferencia a fechas y eventos importantes, principalmente de carácter político o militar.[11] Como ya se explicó anteriormente, el criterio de autenticidad en cada campo de estudio varía grandemente debido al contenido de cada uno. Casi cualquier hadith puede estar dentro de la categoría de Sira, pero no a la inversa. Por lo tanto, estos dos géneros surgieron de forma independiente.

---

[11] Esta es la razón por la que muchos de los primeros biógrafos dieron como título a sus libros *maghazi*, que significa batallas.

Primera Parte: Antecedentes

La Casa de Allah

La vida de Muhammad comienza en Arabia; pero su historia se origina miles de años antes de su nacimiento. El libro del Génesis, considerado por los judíos y cristianos como revelación divina, menciona el nombre de Abraham y sus dos hijos, Ismael e Isaac. Sobre el hijo primogénito, declara: "En cuanto a Ismael, también te he escuchado: He aquí que le bendigo, le hago fecundo y le haré crecer sobremanera ... y haré de él un gran pueblo". Más adelante, afirma: "Dios asistió al niño, que se hizo mayor ... y vivía en el desierto de Parán ..."[12]

Paran es una zona de Arabia Occidental[13] donde se encuentra un valle de nombre Bakkah.[14] Este valle árido rodeado de montañas era tierra deshabitada. Dios ordenó a Abraham dejar ahí a su esposa Hagar y a su hijo Ismael, como prueba de su devoción. Dios hizo brotar un manantial de agua para ellos y así pudieron sobrevivir.[15] Poco tiempo después, algunas tribus vecinas se asentaron en este valle, el cual llegó a recibir el nombre de Makkah. Ismael creció con la tribu árabe de Jurhum, aprendió su lengua y fue conocido como Isma'il.

Más tarde, al regreso de Abraham (en árabe Ibrahim), éste y su hijo recibieron la orden de Allah de construir un pequeño altar para Su adoración.[16] En ese tiempo, existían muchos templos y

[12] Génesis 21:20-21.

[13] Ver: Nomani, Shibli, *Siratun Nabi*, trad. Rafiq Abdur Rehman (Karachi: Darul Ishaat, 2003), 1:120-127.

[14] Salmos 84:4-6. Para un análisis sobre la forma en que esta referencia ha sido mal interpretada por algunos historiadores bíblicos, ver: Nomani, Shibli, *Siratun Nabi*, 133-135.

[15] Génesis 21:17-19.

altares por todas partes para la adoración de ídolos. Sin embargo, ésta fue la primera construcción dedicada por completo al culto a Allah.[17] Estaba destinada a ser también la última. Se trataba de una simple construcción de piedra en forma rectangular, un poco más alta que la altura promedio de un hombre y recibió el nombre de Ka'bah.

Ibrahim y su hijo llamaron a las tribus árabes a adorar únicamente a Allah y renunciar a los falsos dioses. El mensaje se difundió en Makkah y las zonas aledañas. Entonces, Ibrahim recibió la orden de invitar a las tribus vecinas a rendir culto en la Ka'bah. La visita a la Ka'bah fue llamada Peregrinación (Hajj), ya que se realiza mediante un viaje.[18] La Ka'bah llegó a ser conocida como la Casa de Allah y sirvió como lugar de culto para todos los árabes que aceptaron a Allah como único merecedor de tal devoción.

Una forma de adorar a Allah es a través de la postración en dirección a la Ka'bah. Como la construcción es simple y está vacía, no podría pensarse que se está adorando a un ídolo creado. Otra forma de rendir culto es caminar alrededor del edificio mientras se hacen alabanzas a Allah. Tener a la casa de Allah como eje del movimiento significa que todo pensamiento y adoración es sólo para Él.

Ibrahim pidió a Allah seguridad para esa tierra y protección para su familia contra la idolatría.[19] Su experiencia le decía que la tentación de la idolatría y la inmoralidad era muy fuerte.

---

[16] Qur'an 22:26.

[17] Qur'an 3:96.

[18] Qur'an 22:27-28.

Después de la muerte de sus padres, Isma'il permaneció en Makkah con su familia. Eventualmente, Allah lo escogió para ser profeta, al igual que su padre. Siguió enseñando a su pueblo cómo vivir de acuerdo a la guía divina y la gente lo siguió.

Después de Isma'il, sus descendientes rindieron culto únicamente a Allah, siguiendo los valores morales que padre e hijo inspiraron. La Ka'bah continuó como lugar dedicado al culto a Allah, a donde llegarían creyentes de todas partes de Arabia. La Meca [nombre en español de Makkah; nota del trad.] se convirtió en el centro espiritual del monoteísmo.

---

[19] Qur'an 14:35.

La Edad de la Ignorancia

Idolatría

Después de varios siglos, la situación cambió. Los árabes creyentes, por descuido y negligencia, poco a poco se olvidaron del camino de Isma'il y se apartaron de la guía de Allah. Incluso la peregrinación se convirtió en un simple ritual. Aún quedaba la primera y más importante enseñanza, es decir, adorar únicamente a Allah; pero estaba destinada a desaparecer al poco tiempo.

Alrededor del siglo IV, la tribu de Khuza'ah eventualmente logró expulsar de La Meca a los descendientes de Isma'il y uno de sus líderes introdujo el culto a los ídolos en la ciudad sagrada.[20] Colocó estatuas moldeadas a mano frente a la Ka'bah e invitó a la gente a rendirle culto a estos objetos. Muchos ya se habían olvidado del mensaje de Allah, así que gradualmente adoptaron tal práctica. En pocos siglos, la idolatría se extendió por toda Arabia y la Casa de Allah se convirtió en un centro idólatra. Nada quedó de la religión de Isma'il, sólo algunos rituales y costumbres.

Llegaron a haber más de trescientos ídolos dentro y fuera de la Ka'bah. La gente que hacía la peregrinación se llevaba piedras de la zona sagrada y después les rendían culto como si fueran ídolos portátiles que podían llevarse a todos lados.

La idolatría se convirtió en una adicción. Alguien no encontró una roca para adorar y juntó un poco de tierra, le vació algo de leche y comenzó a caminar alrededor de ese puñado de lodo, de la misma forma que los peregrinos caminaban alrededor de la Ka'bah para adorar a Allah.[21] Se cuenta que un hombre

[20] Bukhari.

caminaba por el desierto y recordó que no llevaba a su ídolo. Sólo tenía unos cuantos dátiles, así que se hizo un ídolo con los dátiles y comenzó a rendirle culto. Al poco tiempo, sintió hambre y se comió su propio dios.

¿Qué pensaba esta gente? No se puede decir que negaban la existencia de un Creador, sí creían.[22] Pero también creían que no era posible comunicarse directamente con Allah y esos ídolos eran sus intermediarios entre el ser humano y Allah.[23] Se postraban ante sus ídolos y les pedían que cumplieran sus deseos y los protegieran del peligro. Para agradar a los ídolos, sacrificaban animales y se los dedicaban.[24] Muchos incluso creían que las estatuas hechas por ellos mismos poseían poderes especiales.

Con la invención de ciertos rituales y prácticas, la idolatría se convirtió en una religión. Se declaró que algunas cosechas y animales debían dedicarse a los ídolos. Nadie podía comerlos y la gente donaba recursos en grandes cantidades.[25] Cualquier oveja o camella que diera a luz a diez crías hembras era considerada un animal sagrado y nadie podía tocarla.[26]

También existían árabes que no creían en Allah. Algunos eran materialistas que sólo creían que el tiempo lo destroza todo.[27]

---

[21] Bukhari.

[22] Qur'an 29:61, 43:9, 43:87.

[23] Qur'an 10:18, 39:3.

[24] Qur'an 5:3, 6:121.

[25] Qur'an 6:136-138.

[26] Qur'an 5:103, 6:139.

Otros adoraban al sol, la luz o ciertas estrellas y planetas. La mayoría de los idólatras no tenían concepto alguno, o muy escaso, de la otra vida.

Abundaban las supersticiones. Mientras se realizaba el peregrinaje instituído por el Profeta Ibrahim, alguien inventó que debía entrarse a las casas por la puerta de atrás para evitar las desgracias.[28] Muchos creían que el espíritu de una víctima de asesinato vuela por los aires en forma de búho hasta que su muerte es vengada. Frecuentemente se iba con los adivinos y astrólogos para pedir consejo y tener buena suerte.[29] Se arrojaban flechas como dados para decidir asuntos importantes, como viajar a cierto lugar o para declarar la guerra. Estas flechas, que eran lanzadas en nombre de algún ídolo, eran usadas también para determinar a quién pertenecía un bebé nacido del adulterio.

Moralidad

Los árabes eran poseedores de ciertas cualidades excelentes. Se destacaban por su generosidad y hospitalidad. El coraje y la valentía eran de gran estima. Solían pelear hasta la muerte por defender sus principios. Poseían un alto sentido de lealtad, especialmente hacia la familia y la tribu. Su voluntad era firme y llevaban una vida sencilla. Sin embargo, al igual que sus creencias, su moralidad dejaba mucho qué desear.

Abundaban la bebida y el juego. El interés sobre préstamos, conocido como usura, era algo común. Gracias a la usura, el

---

[27] Qur'an 45:24.

[28] Qur'an 2:189.

[29] Bukhari.

rico se hacía más rico explotando al pobre. Si éste no podía pagar el préstamo, el interés se acumulaba y la deuda crecía. A su muerte, la deuda pasaba a la familia.

La mujer generalmente era considerada un ser inferior, a menos que viniera de una familia noble. Al nacer un bebé, los padres abiertamente expresaban su descontento si se trataba de una niña.[30] La mentalidad árabe decía que un varón llegaría a ganar dinero para la familia y pelear en la guerra; la mujer no. Algunos padres solían incluso enterrar vivas a sus hijas por temor a la pobreza, sin ningún tipo de condena social.[31] La mujer no tenía derecho a herencia alguna, ni de su esposo ni de sus padres. El hombre podía tener cuantas esposas quisiera y la mujer no tenía derecho a solicitar el divorcio.[32] La prostitución era algo común, una normal social aceptada. Una forma de contraer matrimonio era que la prostituta colocaba una bandera afuera de su casa para que cualquier hombre la visitara. Al quedar embarazada y dar a luz, llamaba a cada cliente que la había visitado para decidir quién tenía el mayor parecido con el bebé. El elegido estaba obligado a tomarla por esposa, no podía negarse.[33]

Muy pocos sabían leer y escribir o contaban con educación formal. La única ciencia digna de mención era la poesía; los árabes eran maestros de la poesía. Sin embargo, ni a este talento se le daba buen uso, ya que la poesía consistía de alabanzas a uno mismo, se hablaba de la mujer como un objeto

[30] Qur'an 16:58-59.

[31] Qur'an 6:151, 16:58-59, 17:31, 81:8.

[32] Qur'an 4:22.

[33] Bukhari.

sexual y se festejaba la ebriedad. Las relaciones ilícitas eran tan comunes que hasta un famoso poeta llegó a vanagloriarse de haber cometido adulterio con su prima. Estos poemas vulgares se colgaban en la Ka'bah durante la peregrinación, para que todos los admiraran.

Para poder ganarse la vida, cuatro meses del año eran considerados sagrados y la guerra estaba estrictamente prohibida. Así se garantizaba el tránsito seguro de las caravanas que viajaban hacia Yemen en el invierno y a Siria en el verano. Sin embargo, por causas menores se declaraban las guerras, que podían durar años; mucha gente moría. Como no existía un gobierno central o un código común de leyes, las familias grandes formaban tribus, compuestas de clanes menores. Cada tribu ocupaba su propio lugar. El orgullo tribal usualmente se imponía por encima de cualquier sentido de justicia; un hombre debía apoyar a su propia familia, aún cuando ésta fuera culpable de algún crimen. Era de suma importancia establecer alianzas con otras tribus y clanes para poder sobrevivir. Este periodo de oscuridad en Arabia fue conocido más tarde como la 'Edad de la Ignorancia', ya que la gente era ignorante de toda guía divina procedente de Allah.

Otras Religiones

Existían algunas tribus judías a cientos de kilómetros al norte de La Meca, que habían esparcido el judaísmo en la región sur de Yemen, llegando incluso a dominar la zona por un tiempo. Sin embargo, cuando el rey judío comenzó la persecución de cristianos yemeníes, el poderoso Imperio Abisinio, con sede en Etiopía, logró sacarlo del poder con ayuda de los romanos. Esto tuvo como resultado una presencia significativa de cristianos en Yemen. Algunos cristianos árabes también vivían cerca de las fronteras con los romanos, que eran cristianos. Sin embargo, ni judíos ni cristianos tuvieron impacto general en las prácticas idólatras de los árabes.

En realidad, el mundo entero, no sólo Arabia, vivía en la 'Edad de la Ignorancia'. El judaísmo estaba marcado por un énfasis excesivo en las fórmulas rituales y la piedad externa, mientras muchos rabinos hacían mal uso de su autoridad y eran corruptos. Los libros revelados al Profeta Musa (Moisés) sufrieron modificaciones deliberadamente; la superioridad racial se convirtió en fundamento de la religión. Al cristianismo no le fue mejor. Las enseñanzas originales de 'Isa (Jesús) se corrompieron tanto que comenzó a rendírsele culto junto a Allah. La doctrina de la salvación dio luz verde para que la gente satisfaciera sus deseos creyendo en el perdón de sus pecados. Se adoptó finalmente el concepto de la Trinidad, que era algo tan complejo y misterioso que la gente declaraba adorar a un sólo Dios mientras se pensaba en tres diferentes personas.

En Persia, había templos especiales para adorar al fuego. Muchos árabes de Yemen adoptaron esta religión después de que los persas expulsaron a los cristianos de allí en el siglo seis. Sin embargo, fuera del templo, la gente hacía lo que quería; no había un verdadero código de moralidad. El budismo en India y Asia Central era ahora tan idólatra como Arabia, con estatuas y altares dedicados al Buddha. El brahamanismo en la India contaba a sus dioses por millones, mientras que la gente se dividía en diferentes clases sociales según el linaje. El grupo más bajo estaba eternamente destinado a la esclavitud para servir al grupo más alto, cuyos integrantes eran tratados como dioses.

El mundo vivía prácticamente en un estado de caos. El mensaje de los antiguos profetas, como Ibrahim, Musa e 'Isa, enviados por Allah para reformar a la humanidad, se había corrompido en gran medida. Los hombres y las mujeres se habían olvidado de Allah y no sabían distinguer el bien del mal. Sin embargo, Allah no se había olvidado de su creación.

Arabia

Geografía

Arabia es la península más grande de la Tierra, con una extensión territorial de casi tres millones de kilómetros. La región es arenosa y montañosa, su población es escasa. Hay poca agua y el clima es muy cálido y seco. Las poblaciones se ubican generalmente donde hay fuentes de agua. Los beduinos son tribus nómadas que viajan de lugar en lugar en busca de fuentes de hidratación. Tales condiciones geográficas hacen que Arabia no sea un territorio atractivo para la conquista.

Situación Política

En el siglo VI, los dos grandes imperios del mundo eran el romano al poniente de Arabia y el persa al oriente. El primero, conocido como el Imperio Bizantino, había colonizado las tierras de Egipto y Siria, mientras que el segundo, el Imperio Sasánido, había tomado recientemente control de Yemen en el sur. Sin embargo, la mayor parte de Arabia nunca había sufrido ocupación extranjera y se encontraba en un verdadero estado primitivo. La naturaleza primitiva de los árabes llegó a manifestarse en su lengua, que tuvo que tomar palabras de otros idiomas para describir términos de uso común asociados con lo que es una civilización, tales como moneda, lanterna, tarro, taza y jofaina. Al no contar con un gobierno o poder central, Arabia era considerado un lugar muy peligroso. ¿Qué bien se podía esperar de un lugar tan primitivo y atrasado?

Segunda Parte: Inicios

Los Quraish

Alrededor del siglo V, Qusayy ibn Kilab organizó una revuelta en contra de la tribu de Khuza'ah y logró retomar control de La Meca. Los miembros de su tribu, conocidos como los Quraysh, eran descendientes directos del Profeta Isma'il. Para el siglo VI, los Quraysh gozaban de una gran posición entre las varias tribus asentadas en Arabia, ya que estaban al cuidado de la Ka'bah y de los peregrinos. Daban alimento y estancia a los visitantes y organizaban festivales donde la gente hacía negocio. La Meca atraía a tribus provenientes de toda la península que llegaban a rendir culto, a pesar de haberse convertido en un lugar de idolatría.

La tribu de los Quraysh consistía de muchas familias o clanes diferentes. La familia de Hashim era considerada una de las más importantes. 'Abdul Muttalib, el jefe del clan, era el líder no oficial de los Quraysh en La Meca. Tenía muchos hijos, uno de sus favoritos era 'Abdullah. Se esperaba que éste continuara el legado de su padre; pero no estaba destinado que así fuese. 'Abdullah contrajo nupcias con 'Aminah, del clan de los Zuhrah. Unos meses después, en camino a Yathrib hacia el norte, cayó enfermo y murió, dejando a su esposa embarazada.

Huérfano

Aminah dio a luz un hijo en un día lunes[34] en el mes de al-Rabi al-Awwal, en el año 570.[35] El abuelo del niño le dio por nombre Muhammad, que significa 'el elogiado', un nombre poco común en Arabia. Era costumbre entre los árabes que los varones de familias nobles crecieran en el desierto con los beduinos. Algunas tribus tenían la reputación de educar a niños varones, como la tribu de Sa'd ibn Bakr, donde Muhammad pasó su niñez. En el desierto había menos enfermedades y la lengua se conservaba pura, lejos de la vida urbana; el niño crecía más fuerte, alejado de la inmoralidad de la ciudad. Muhammad creció en el hogar de H̲alimah, su madre de crianza y aprendió el estilo de vida del desierto. Cada cierto tiempo iba a La Meca y regresaba al desierto, hasta que finalmente fue devuelto a su madre unos años después. El pequeño Muhammad pertenecía a una de las familias más nobles entre los Quraysh.[36] Los árabes solían preservar sus raíces genealógicas con sumo cuidado. Era una consideración muy importante en la sociedad y el linaje de Muhammad era bien conocido a través de su vigésimo primer abuelo paterno, 'Adnan, uno de los descendientes importantes de Isma'il.[37]

---

[34] Muslim

[35] Existe discrepancia en cuanto al año de nacimiento, si fue 570 o 571. Esto se debe a la conversión del calendario lunar al calendario solar cristiano, el cual ha sufrido muchos cambios con ajustes en las fechas por parte de algunos monarcas.

[36] Muslim

[37] Bukhari.

Al poco tiempo, cuando Muhammad tenía seis años de edad, Aminah enfermó gravemente y murió, mientras madre e hijo se encontraban en un viaje. Muhammad, ahora huérfano de padre y madre, quedó bajo el cuidado de su abuelo 'Abdul Muttalib, para quien fue como un hijo.[38] De hecho, el abuelo le permitió a Muhammad sentarse a su lado en un lugar especial frente a la Ka'bah, un privilegio que sus propios hijos no tenían. Sin embargo, cuando el pequeño contaba con sólo ocho años de edad, el abuelo también falleció. Fue su tío Abu Talib quien se haría cargo de él de ahora en adelante. Abu Talib sentía gran cariño por su sobrino y lo llevaba en sus viajes de comercio a Siria y otros lugares.

---

[38] Hakim.

Pastor

Abu Talib no era tan rico como su padre, así que Muhammad tuvo que trabajar para ganarse la vida y ayudar a su tío. Comenzó a trabajar para gente de La Meca, como pastor al cuidado de varios rebaños de ovejas y chivos.[39] El pastor aprende a tener muchas responsabilidades. Debe guiar al rebaño, mantenerlo junto y protegerlo de los predadores. Esta labor cultiva en el pastor la paciencia y le da tiempo para pensar y reflexionar, alejado del ruido de la ciudad. Muchos de los profetas enviados por Allah fueron pastores en algún momento de sus vidas. La ocupación de una persona tiene un gran efecto en su personalidad.

---

[39] Bukhari.

Una Coalición para Proteger al Débil

Debido a la naturaleza tribal de la sociedad, las personas de poder podían cometer crímenes contra los más débiles con toda impunidad. En una ocasión, un mercader de Yemen llegó a La Meca y fue engañado por uno de los hombres nobles de los Quraysh de nombre al-'As ibn Wa'il. El viajero imploró ayuda a los líderes de La Meca; pero al-'As y su clan eran muy importantes. Finalmente, algunos hombres influyentes se compadecieron del viajero y decidieron hacer algo. Este hecho ocurrió poco después de una guerra entre los Quraysh y otra tribu. El pueblo estaba cansado de tantas guerras, así que unos cuantos líderes se reunieron en casa de 'Abdullah ibn Jud'an y formaron un pacto. Dicho pacto establecía que cada líder debía defender los derechos del débil sin importar el rango del opresor. A este pacto se le dio el nombre de 'El Pacto de la Excelencia' o *Hilf Al-Fudul*. Los líderes enfrentaron al criminal y lo obligaron a regresar la mercancía a la víctima. Muhammad tomó parte en este pacto y a menudo hablaba con elogios de él.[40]

---

[40] Ahmad.

Reputación

Se sabía que Muhammad era uno de los pocos que, desde temprana edad, se negó a rendir culto a los ídolos. Asistía a la Ka'bah sólo para adorar a Allah. Comúnmente la gente tocaba a cierto ídolo mientras caminaba alrededor de la Ka'bah y hacía oraciones; pero Muhammad no. También se abstenía de comer carne del animal sacrificado en honor a un ídolo.[41] Sin embargo, nunca protestó abiertamente contra la idolatría, prefería guardar sus creencias para sí.

Después de dedicarse varios años a sus labores como pastor, se interesó por el comercio y se dedicó al negocio de intecambiar bienes de personas. La mayoría de los nobles de los Quraysh eran mercaderes de profesión. Muhammad se destacó por su honradez y sinceridad y rápidamente llegó a ser conocido en La Meca como *Al-Amin*, el 'Honesto'. También era conocido por sus altos valores morales, su carácter discreto y su abstinencia del vino, el juego, las relaciones ilícitas y otros vicios.

---

[41] Bukhari

Matrimonio y Familia

Una mujer acaudalada, Khadija, lo contrató para vender sus mercancías en Siria, ofrenciéndole un porcentaje de comisión por las ventas.   Muhammad cumplió el encargo con tanta precisión y honestidad que, tiempo después, ella le propuso matrimonio enviándole a una amistad para saber si estaba interesado.   Khadija había recibido muchas propuestas de matrimonio después de la muerte de su segundo esposo; pero todas las rechazó.   Sin embargo, vio algo especial en Muhammad que le atrajo profundamente.

Muhammad tuvo que reunir el dinero necesario para la dote, aproximadamente quinientos dirhams.   Contaba con veinticinco años de edad;   Khadija era considerablemente mayor y ya había estado casada dos veces; pero no le importó. Ella reunía todas las cualidades que un hombre pudiera desear: rectitud, linaje, belleza y dinero.   Muhammad y Khadija contrajeron matrimonio y llegaron a tener seis hijos: dos varones y cuatro mujeres.   Ambos niños murieron en la infancia y sólo una hija lo sobrevivió.   Sin embargo, los dos varones estaban destinados a ser reemplazados por otros dos.

Un niño de nombre Zayd ibn H̲arithah fue separado de su familia y llegó a La Meca.   Muhammad y Khadija decidieron adoptarlo y fue conocido como Zayd ibn Muhammad.[42]   Unos años más parte, se desató una hambruna en La Meca.   Para Abu T̲alib fue muy difícil, ya que él era el sostén de una familia muy numerosa.   Para facilitarle las cosas, Muhammad y Khadija llevaron a uno de sus hijos, 'Ali, a su hogar y lo educaron como hijo propio.   Así fueron una feliz familia de ocho miembros.

---

[42] Bukhari. La palabra 'ibn' significa 'hijo' y comúnmente forma parte de los nombres árabes para indicar linaje.

Reconstrucción de la Ka'bah

Cuando Muhammad tenía aproximadamente treinta y cinco años de edad, los Quraysh enfrentaron un gran reto.[43] La Ka'bah estaba a punto de derrumbarse. Había sufrido gran daño en una inundación. La reparación era urgente, así que se decidió derrumbar una parte y construirla de nuevo. Los líderes acordaron usar dinero limpio únicamente, no dinero venido de la usura, la prostitución o el robo. Se procedió en esta tarea y se reconstruyeron las paredes hasta que llegó el momento de colocar en su sitio original una piedra especial, conocida como la piedra negra. Esta piedra era especial porque fue la última piedra que colocó el Profeta Ibrahim y marcaba el sitio donde los peregrinos iniciaban el rito de adoración.

Cada tribu exigió el honor de regresar la piedra a su sitio original. Las discusiones se agravaron al punto de que la guerra parecía inminente. El clan de 'Abd ad-Dar no se daba por vencido y trajo una vasija con sangre donde cada miembro de las familias que componían el clan introdujo sus manos para dar a entender que todos estaban dispuestos a luchar hasta la muerte. Se aliaron con el clan de 'Adi y se negaron a negociar. Hubo un estancamiento en las discusiones; la guerra estaba a punto de estallar. Sin embargo, un anciano respetable entre los Quraysh sugirió que la próxima persona que llegara a la Ka'bah decidiría de quién sería el honor. Todos estuvieron de acuerdo.[44]

Los Quraysh identificaron al hombre que en ese momento caminaba hacia la Ka'bah y exclamaron "¡Al-Amin (el Honesto)! ¡Es Muhammad!" Se alegraron ya que se trataba de alguien a quien tenían en gran estima. Otra persona probablemente

---

[43] Abd ar-Razzaq

[44] Aḥmad.

43

escogería a alguien de su propio clan. Pero en vez de favorecer a su propia familia, Muhammad calmó los ánimos de todos al pedir un pedazo de tela, donde colocó la piedra negra. Acto seguido, pidió a un líder de cada clan sujetar cada uno de los lados de la tela mientras todos llevaban la piedra a su sitio en la Ka'bah. Al llegar, él mismo colocó la piedra en su sitio y así se completó la reconstrucción. Gracias a esta concertación se evitó la guerra.

Sin embargo, los Quraysh se vieron cortos de dinero limpio y tuvieron que reducir las dimensiones de la Ka'bah, así que la estructura asumió una forma más cúbica que rectangular. En cuanto a la parte que faltaba, se colocó una pared baja semicircular en el lugar de la estructura original para marcar los límites. Las paredes se erigieron más altas que en la construcción original y se le puso además un techo para alejar a los ladrones. Los Quraysh también elevaron la puerta de la Ka'bah unos centímetros sobre el nivel del piso para controlar la entrada al interior.

Reclusión

Muhammad siguió con las ocupaciones propias de su profesión como mercader durante muchos años y llevó una vida sencilla al lado de su esposa e hijos; pero le perturbaba la inmoralidad presente en la sociedad. El vicio más despreciable, sobre todo, era la adoración de ídolos. La gente decía adorar a Allah; pero adoraba estatuas e imágenes hechas con sus propias manos. Muhammad se daba cuenta de todos los rituales estériles de los árabes, que hacían incluso durante la peregrinación.

El no era el único en repudiar la idolatría. También estaba Waraqah ibn Nawfal, quien había abandonado la idolatría y se hizo cristiano. El podía leer las escrituras de los judíos y los cristianos en hebreo y decidió seguir ese camino. Se desconoce qué tipo de cristianismo profesaba; pero al ser un erudito, probablemente tenía sus propias ideas sobre las verdaderas enseñanzas del Profeta 'Isa (Jesús).

También estaba Zayd ibn 'Amr ibn Nufayl, quien viajó a Siria en busca de una mejor religión. Allí conoció a un rabino y se interesó por hacerse judío. Después de hacerle unas preguntas sobre el judaísmo, no le agradó lo que había aprendido sobre la religión. Después conoció a un erudito cristiano y se interesó por el cristianismo. Sin embargo, tampoco se sintió satisfecho con las respuestas que recibió. Se decidió simplemente por rendir culto a Allah y levantó sus manos al cielo: "¡Allah, declaro que sigo la religión de Ibrahim![45] El camino de Ibrahim estaba casi olvidado. Era imposible reconstruirlo o revivir las enseñanzas originales sin que llegara otra revelación proveniente de Allah. Zayd solía situarse frente a la Ka'bah y exclamar: "¡Ninguno de ustedes sigue el camino de Ibrahim,

---

[45] Bukhari.

excepto yo!"[46] El no ocultaba sus creencias y solía criticar a quienes sacrificaban animales en nombre de los ídolos.[47] Se sabía que rescataba a niñas que iban a ser enterradas vivas por sus padres. "Dámela a mí, yo me haré cargo de ella," les suplicaba. Una vez que la niña crecía, iba con sus padres. "Ahora, si quieres, te la regreso. O si prefieres, yo puedo seguir a su cuidado".[48]

Aquellos como Waraqah y Zayd eran pocos y no existe registro de que hayan tratado de introducir cambios en la sociedad. Zayd murió repitiendo las siguientes palabras: "Allah, si tan sólo supiera como rendirte culto, lo hubiera hecho".

Muhammad ahora contaba con cuarenta años de edad[49] y comenzó a retirarse a las montañas en las afueras de La Meca, donde pasaba semanas él solo. Prefería la soledad a participar en las políticas tribales de su sociedad. Trabajaba mucho y tenía una familia, esposa e hijos por quien velar; pero estos retiros se convirtieron en una prioridad en su vida. Uno de los lugares favoritos que frecuentaba era una cueva en el Monte Hira', unos tres kilómetros a las afueras de La Meca. La cueva era muy pequeña, sólo cabían una o dos personas adentro. Muhammad llevaba la suficiente comida y provisiones y permanecía en la cueva, adorando a Allah y reflexionando en el propósito de la existencia. Cuando se le acababan las provisiones, regresaba a su casa. Después de un lapso, sintió de nuevo la necesidad de ir a las montañas.[50] Durante este tiempo,

[46] Bukhari.

[47] Bukhari.

[48] Bukhari

[49] Bukhari

comenzó a tener sueños que se convertían en realidad de forma exacta; pero no sabía a qué se debía. Este periodo de retiros intermitentes continuó por varios meses. Tal parecía que Muhammad andaba en busca de algo. Se sentía perdido y necesitaba ayuda, una guía, tanto como cualquier otro hombre.[51]

---

[50] Bukhari

[51] Qur'an 93:7.

Tercera Parte: La Misión Profética

Revelación

Una noche, hacia el fin del mes de Ramadán[52], Muhammad se encontraba rezando y meditando en la cueva cuando, de pronto, sintió la presencia de algo o alguien.[53] "¡Lee!", le ordenó una voz. "No sé leer", contestó con honestidad. Como la mayoría de los árabes, Muhammad era analfabeto.[54] La fuerza lo sujetó fuertemente hasta que sintió un dolor insoportable; después lo soltó. "¡Lee!", exclamó la voz de nuevo. "No sé leer" contestó Muhammad otra vez. La fuerza lo sujetó por segunda vez y lo apretó fuertemente. No se trataba de un sueño. De haber estado dormido, un simple pinchazo lo habría despertado. Al no soportar más el dolor, la fuerza lo soltó. "¡Lee!" Muhammad sintió temor. ¿De qué se trataba esto? ¿Qué estaba sucediendo? No había tiempo para pensar. Muhammad respondió rápidamente, "no sé leer". Por tercera vez, fue sujetado con fuerza y después soltado. La voz recitó las siguientes palabras:

"Lee[55] en nombre de tu Señor, que ha creado. Ha creado al hombre de un coágulo. Lee. Tu Señor es el Más Generoso. Enseñó al hombre por medio del cálamo. Enseñó al hombre lo que no sabía". [56]

Era claro que se le ordenaba repetir las palabras que había escuchado. Así lo hizo. Las palabras quedaron grabadas en su

[52] Qur'an, 2:185, 97:1

[53] Bukhari

[54] Qur'an, 29:48.

[55] La palabra *iqra'* significa lee o recita, dependiendo del contexto.

[56] Qur'an, 96:1-5.

memoria. La fuerza desapareció y Muhammad quedó solo de nuevo.[57]

¿Qué fue realmente lo que sucedió? ¿Qué significaban esos versos? Muhammad, siendo árabe, conocía de poesía; pero esas palabras no eran ni poesía ni prosa. No hubo tiempo para pensar. Sintió temor y bajó corriendo la montaña. Fue directo a su casa en busca de su compañera, su amada esposa. "¡Cúbreme! ¡Cúbreme!" Khadija le colocó una manta en sus hombros hasta que se calmó. Entonces, le contó su experiencia y confesó que había sentido un gran temor. Le repitió los versos que había escuchado, palabra por palabra. Inmediatemente, Khadija lo consoló y le dijo: "Allah no te causará deshonra. Tú eres bueno con tu familia, asistes al débil, das ayuda al necesitado, eres generoso con tus invitados y luchas por la verdad". Ella estaba convencida que Allah no permitiría que algo malo le ocurriera a un buen hombre.[58]

---

[57] Bukhari

[58] Bukhari

Una Sabia Opinión

Khadija llevó a Muhammad con su primo Waraqah ibn Nawfal, quien había quedado ciego debido a su avanzada edad. Waraqah se había convertido al cristianismo y tenía gran conocimiento de la religión. Bien valdría la pena pedir su opinión sobre lo ocurrido. Al escuchar el relato de Muhammad, exclamó: "Por Allah, eres el profeta de este pueblo. El ángel de la revelación que llegó a Musa (Moisés), ha llegado también a ti". Qué gran sorpresa recibió Muhammad. ¿Un profeta de Allah? Algo así no se había escuchado en La Meca desde tiempos de Isma'il. No fue la única sorpresa. Waraqah continuó: "Si fuera más joven, quizás podría vivir para ver cómo tu gente te echa fuera de aquí". Muhammad quedó atónito, él era un hombre bien respetado por toda su gente. "¿Me van a echar fuera?" preguntó. "Sí, todos los que han llevado el mismo mensaje fueron atacados por su gente. Si llego a vivir para ver ese día, yo te daré todo mi apoyo". Pero no sería así. Waraqah murió al poco tiempo; pero Muhammad ya sabía que él era el Mensajero de Allah. [59]

---

[59] Bukhari

El Mensaje

La primera revelación indicaba que el Profeta recibiría instrucción directa del Creador. La comunicación entre Allah y el hombre se abría de nuevo, esa conexión directa que tuvieron los antiguos profetas. Más adelante, recibió la inspiración de otros versos con la orden de rezar a lo largo de la noche, puesto que muy pronto se le encomendaría una delicada misión.[60] La oración le daría las fuerzas necesarias cumplir esa misión.

Al poco tiempo, otra revelación habló claramente de la misión a cumplir. Muhammad era el Mensajero de Allah que debía llamar a su pueblo al culto único a Allah y a abandonar a las demás deidades.[61] De ahora en adelante, ya no buscaría la soledad para dedicarse únicamente a la oración, también debía advertir a los demás. La religión ya no era algo personal que debía guardarse en privado. La tarea no era fácil, pero debía cumplirse.

---

[60] Qur'an 73:1-6.

[61] Qur'an 74:1-5.

El Llamado Secreto

Al principio, el Mensajero sólo habló con aquellas personas en las que podía confiar. La Meca era el centro de la idolatría, no sería fácil cambiar a la sociedad de la noche a la mañana. La misión requería un plan a largo plazo, así que comenzó con un llamado secreto a posibles interesados.

El Profeta comenzó con miembros de su familia. Después de la reunión con Waraqah, Khadija quedó convencida de que su esposo era verdaderamente un profeta. Después de conocerlo por quince años, estaba segura que él no era un mentiroso ni un poseído. Khadija es considerada como la primera creyente. Le siguieron el primo del Profeta, 'Ali y su hijo adoptivo Zayd. Ambos eran jóvenes y podían distinguir entre un impostor y un hombre que hablaba con la verdad. La gente joven a veces tiene la habilidad de ver lo que los mayores no pueden percibir.

El primero fuera de la familia en aceptar el mensaje fue Abu Bakr, el mejor amigo del Profeta por muchos años, un mercader de noble linaje, respetado en La Meca como filántropo y experto genealogista. Abu Bakr inmediatamente comenzó a hablar del Profeta con sus allegados. Muchos respondieron, como 'Uthman al-Zubayr, 'Abd al-Rahman, Sa'd y Talha. El mensaje empezó a esparcirse en La Meca, secretamente.

El nombre de esta religión era islam, que significa sumisión (a Allah). Aquellos que seguían el islam eran musulmanes (es decir, los que se someten). La nueva comunidad musulmana se reunía en secreto al momento de orar, para no causar agitación en La Meca. Cuando descendía una nueva revelación, el Profeta la enseñaba a algunos de sus seguidores, quienes memorizaban los versos y seguían su mensaje. Las primeras revelaciones consistían de recordatorios breves, pero elocuentes, sobre la unicidad de Allah, la realidad de la misión profética y la advertencia sobre el Día del Juicio.[62] La revelación fue conocida como el Qur'an. El Qur'an se refería a sí mismo como un libro, aunque no había sido reunido en forma escrita, tal como se entiende hoy lo que es un libro. La revelación continuó por varios años, sirviendo de guía al Profeta en su misión.

Abu Bakr aconsejó al Profeta: "Hagamos un llamado público al islam". El Profeta se negó: "Somos muy pocos". Aún así, la mayoría de la gente en La Meca oía rumores por todas partes sobre el Profeta y su 'nueva religión'.

---

[62] Es decir, la noción de que todo ser humano resucitará después de la muerte y rendirá cuentas frente a Allah en la próxima vida.

Declaración Pública

Unos años pasaron y el Mensajero de Allah continuó invitando a la gente, en privado, al islam. En el tercer año de su misión profética, no había más de cincuenta creyentes. Entonces descendió la revelación para hacer público el mensaje:

"Anuncia lo que se te ordena y apártate de los asociadores. Nosotros te bastamos contra los que se burlan".[63]

"... y advierte a los de tu propia tribu". [64]

El Profeta comprendió bien lo que debía hacer. Ascendió a lo alto de una colina en La Meca, donde se acostumbraba hacer anuncios urgentes. "¡Gente de Quraysh!", exclamó. La gente importante atendió al llamado urgente. "¿Me creen si les digo que hay un enemigo detrás de la montaña listo para atacar la ciudad?", preguntó. "Por supuesto", contestaron, "tú no mientes". El Profeta hizo esta pregunta no sólo a manera de prueba, sino también como una analogía. Para lo que les iba a decir, era necesario que primero se dieran cuenta de algo: de pie en lo alto de la colina, el Profeta alcanza a ver – por estar a una altura superior – lo que ellos no pueden percibir. Si aceptan este testimonio, entonces podrían prepararse para enfrentar al ejército que se avecina y evitar así la destrucción. Sin embargo, si dudan de él o tratan de verificar la información, no tendrían tiempo para prepararse, si es que él les está diciendo la verdad. La prueba, por lo tanto, es si ellos están preparados para creer en su palabra sin necesidad de evidencias empíricas. Contestaron afirmativamente, ya que conocían su carácter y su reputación.

[63] Qur'an 15:94-95.

[64] Qur'an 26:214.

Acto seguido, el Mensajero de Allah llamó a cada clan por su nombre y declaró: "Me ha sido ordenado por Allah hacerles una advertencia. Yo no puedo protegerlos en esta vida. Tampoco puedo prometerles nada en la próxima vida, a menos que reconozcan y se sometan al culto único de Allah". Todos quedaron sorprendidos y guardaron silencio, hasta que el tío del Profeta, Abu Lahab, habló: "¡Que seas destruído! ¿Para esto nos has llamado?" Su tío sólo estaba interesado en hacer negocios y acumular riquezas. Hacer reflexiones sobre la vida era perder el tiempo. Abu Lahab gozaba de gran influencia dentro de los Quraysh. Al alejarse en protesta, la gente lo siguió.[65]

El resultado adverso no iba a detener al Mensajero de Allah. Lo que hoy se rechaza, mañana bien puede aceptarse. Los Quraysh ni siquiera pusieron en consideración el significado del mensaje. ¿Por qué lo rechazaron súbitamente? El Profeta comenzó a ir por toda la ciudad haciendo el llamado al islam, de forma individual y pública. Durante este periodo, descendieron versos que describían la forma en que otros profetas del pasado, como Nuh (Noé), Ibrahim (Abraham), Yusuf (José), Yunus (Jonás), Musa [Moisés] e 'Isa (Jesús) habían llamado a su gente a la adoración a Allah. Estos versos también hablaban de la oposición que estos profetas enfrentaron, lo cual indicaba que el Profeta debía ser paciente en su misión. El Profeta comenzó a rezar públicamente en la Ka'bah, donde todos se reunían para el culto. Sus oraciones y la recitación del Qur'an en la Casa de Dios fueron otra forma de comunicar el mensaje y rendir culto a Allah.

---

[65] Bukhari, Muslim

Rechazo General
Rechazo General

El Profeta continuó con su predicación a pesar del rechazo de la mayoría de la población. No es fácil cambiar cuando se ha vivido de una forma por largo tiempo. Existen varias razones por las que la gente se rehusó a aceptar el mensaje del islam. La mayoría estaba muy apegada a sus costumbres tribales; abandonar la forma de vida de sus antepasados era algo imposible de imaginar. Lo que la tribu o la familia aceptaba era lo que debía aceptarse. ¿Cómo decir no a la adoración de ídolos cuando era lo que hacían sus antepasados? Algunos estaban muy apegados a sus ídolos y tenían temor de que algo malo les pasara si dejaban de rendirles culto. Ese temor los ataba a la idolatría. Los líderes de los Quraysh temían perder su alta posición en la sociedad. Si seguían al Profeta, mientras que el resto de los árabes continuaba en la idolatría, no sólo perderían su prestigio, sino también sus negocios, ya que el peregrinaje anual a la Ka'bah redituaba grandes ganancias para la economía. Por último, es natural temer a los grandes cambios. Los árabes disfrutaban de su libertad y del libertinaje al que estaban acostumbrados. Seguir al Profeta significaba abandonar sus prácticas inmorales y llevar una vida recta. Para ellos, las enseñanzas del islam eran inconveniencias que sólo servían para despojarlos de esa libertad de hacer lo que les viniera en gana.

Los mequíes se opusieron tajamente al mensaje. La oposición comenzó a manifestarse en forma de insultos y acusaciones. Algunos comenzaron a lanzar burlas abiertamente al Profeta: "¿Que acaso Allah no pudo encontrar a alguien más que a ti?"[66]

El Profeta era de noble linaje y era dueño de un excelente carácter; pero no tenía riquezas ni poder. Muchos árabes creían que la importancia de una persona la determinan precisamente su riqueza y su poder. Los insultos no paraban. El Profeta fue acusado de practicar la magia, [67] de ser un simple poeta o de estar loco.[68] No encontraban explicación a esos versos del Qur'an que salían de sus labios, unas cuantas palabras que impactaban a quien las escuchara. ¿Cómo explicarse de dónde había sacado tales versos? Algunos desafiaron al Profeta para que hiciera algún milagro. Una razón más era la rivalidad existente entre los clanes. Hashim, el clan del Profeta, estaba en constante competencia con el clan de Umayyah y el de Makhzum por razones de honor y poder. Aceptar o reconocer que el clan de Hashim había recibido la bendición de una misión profética simplemente no era posible. Esto explica por qué estos dos clanes rivales, especialmente el clan de Umayyah, se opuso tanto a la misión del Profeta.

La época de la peregrinación se aproximaba; árabes provenientes de toda la península estaban por llegar a La Meca. Ahora que el llamado al islam se hacía públicamente, ¿se iba a dejar que el Profeta diera su mensaje a las demás tribus? Los líderes de Quraysh no lo iban a permitir. Hubo una reunión y decidieron que era necesario acusar al Profeta de algo ante los peregrinos visitantes. Todos en La Meca debían estar de acuerdo para que no se dudara de la veracidad de la acusación. Primero pensaron en decir que era un adivino; pero la idea se rechazó porque el mensaje del Profeta no se parecía a lo que

[66] Qur'a, 43:31.

[67] Qur'an 38:4.

[68] Qur'an 15:6, 68:51.

dicen los adivinos. Alguien insistió, "digamos que ha perdido el juicio, que está poseído". Esta idea también se descartó porque el Profeta no presentaba signos de locura. Un hombre insistió: "¿Por qué no decimos que es un poeta?" Esta idea tampoco servía porque los versos del Qur'an carecían de métrica y no guardaban parecido con ninguna clase de poesía. Finalmente, decidieron acusarlo de hechicero, con poderes para separar familias y enfrentar al hijo contra el padre, a pesar de saber que el Profeta no guardaba parecido con los practicantes de magia. Aún así, la acusación causaría temor entre los adeptos a estas cuestiones y nadie prestaría ni la más mínima atención al mensaje. Los líderes enviaron a sus delegados a las afueras de La Meca para informar a todos los visitantes antes de que hicieran su entrada a la ciudad.

Persecución

El islam progresaba, lenta pero firmemente, a pesar de la propaganda negativa. La gente empezó a burlarse abiertamente de los creyentes, riéndose de ellos al verlos pasar.[69] La persecusión aumentó y los Quraysh comenzaron a torturar a musulmanes, especialmente a esclavos y pobres. En una sociedad tribal, aquellos sin lazos familiares importantes eran presa fácil.

Bilal, un esclavo negro de Etiopía que había aceptado el islam, fue arrastrado en el desierto por su amo, Umayyah ibn Khalaf, y obligado a tenderse sobre la ardiente arena. Se colocó una enorme roca sobre su pecho y le dijeron: "Te quedarás así hasta que te mueras o hasta que rechaces a Muhammad y adores a nuestros ídolos". Bilal respondió diciendo: "¡Uno, uno!", es decir, que él sólo rendiría culto a Allah. Un día, durante la tortura, Abu Bakr pasó por ahí, compró a Bilal y lo dejó libre, al igual que a otros seis esclavos musulmanes que estaban siendo perseguidos.

Otro esclavo, Khabab, también corrió la suerte de ser torturado. Su amo lo obligó a tenderse sobre carbón caliente mientras alguien se paraba sobre él. Las marcas de la quemadura le quedaron en la espalda por el resto de sus días. Un día, cansado de la tortura, se quejó ante el Profeta, "¿por qué no rezas por nosotros?" El Profeta se ruborizó y respondió: "En el pasado, les han abierto la carne a personas con hierro ardiente; pero nunca abandonaron su religión. No te desesperes. Allah establecerá esta religión y traerá paz a la tierra ... pero ustedes son impacientes".[70]

---

[69] Qur'an 83:29-33.

'Ammar ibn Yasir no era esclavo; pero carecía de lazos familiares porque su familia no era de los habitantes originales de La Meca. Sus padres, Yasir y Sumayyah, también habían aceptado el islam y todos fueron torturados juntos. Un día, el Profeta pasó junto a ellos y, sin poder hacer nada, dijo: "Tengan paciencia y el paraíso será suyo". Sumayyah guardó esas palabras en su corazón y siguió tan firme como una roca. Mientras estaba siendo torturada por uno de los peores enemigos del islam, Abu Jahl, fue apuñalada y murió, siendo ella la primera mártir del islam. 'Ammar, por otra parte, sucumbió a la presión. En un momento de debilidad durante la tortura, rechazó el islam y declaró su lealtad a los ídolos. Su lengua contradijo lo que había en su corazón. Después fue con el Profeta y le contó lo que había sucedido. El Profeta lo consoló y le explicó que la verdadera fe se encuentra en el corazón. Fueron revelados los siguientes versos:

"Excepto quien sufra coerción mientras su corazón permanece tranquilo en la fe, quien no crea en Allah luego de haber creído, quien abra su pecho a la incredulidad, ese tal incurrirá en la ira de Allah y tendrá un castigo terrible". [71]

Estos versos dejaron muy en claro que mientras hubiera fe en el corazón de 'Ammar, esa falsa confesión no contaría en su contra ante Allah.

Abu Dharr no vivía en La Meca; pero escuchó hablar del nuevo profeta. Era un hombre inclinado hacia la adoración única a Allah, así que quiso saber más. Envío a su hermano a La Meca para obtener más detalles; pero no quedó satisfecho con lo que

---

[70] Bukhari.

[71] Qur'an 16:106.

escuchó. Finalmente, decidió indagar por sí mismo. Al llegar a La Meca, se dio cuenta que debía andarse con mucho cuidado. Pasó varios días junto a la Ka'bah, bebiendo únicamente el agua que se daba a los visitantes. Eventualmente conoció a 'Ali, quien lo llevó a escondidas ante el Profeta. "Sígueme, pero si ves que me inclino para acomodarme los zapatos, es una señal de que alguien nos sigue y debes apartarte inmediatamente", le advirtió. En cuanto Abu Dharr conoció al Profeta y escuchó la palabra del islam, aceptó.

El Profeta le aconsejó, "Abu Dharr, guarda tu islam en secreto y regresa a tu hogar. Cuando te enteres que hemos logrado la victoria, regresa". En un exceso de fervor, Abu Dharr, respondió: "Juro por Allah que anunciaré mi islam en público frente a todos". Fue directo a la Ka'bah y anunció públicamente que él era un musulmán. Inmediatamente unos Quraysh saltaron sobre él y comenzaron a golpearlo. El tío del Profeta, 'Abbas, quien aún no aceptaba el islam, intervino y amonestó a la gente, "¡Tengan cuidado! ¡No vayan a matar a un hombre de la tribu de Ghibar!" La gente paró al instante porque sabía que su mercancía debe pasar por esa zona camino a Siria. Romper relaciones con los Ghibar sería desastroso para sus negocios. Por poco, Abu Dharr no sale con vida; pero su entusiasmo aumentó. Al siguiente día, estaba de vuelta y, de nuevo, anunció su islam. Esta vez, otro grupo lo golpeó y 'Abbas volvió a intervenir. Abu Dharr había cumplido su deseo de hacer pública su aceptación del islam. Satisfecho, regresó a su casa.

En vista de las persecuciones, muchos musulmanes prefirieron mantener su islam en secreto, aún dentro de sus propias familias, lo cual podía ser muy difícil, ya que había espías por todas partes, listos para denunciar ante los Quraysh a todo seguidor del Mensajero de Allah.

Asilo en Abisinia

La persecusión empezó lentamente; pero con el tiempo aumentó. Hasta los musulmanes nobles con lazos tribales estaban siendo perseguidos. En el quinto año de su misión profética, el Mensajero de Allah recomendó que algunos creyentos emigraran a Abisinia. Esa tierra, en las costas del Mar Rojo en Africa, era gobernada por un rey justo conocido como el Negus (Al-Najjashi). Más de una docena de musulmanes, hombres y mujeres, emigraron, incluyendo a la hija del Profeta, Ruqayyah y su esposo 'Uthman. Sin embargo, los Quraysh enviaron a dos emisarios, 'Abdullah ibn Abi Rabi'ah y a 'Amr ibn al-'As para asegurar la extradición con sobornos y mentiras.

Llegaron con regalos especiales de La Meca y se presentaron ante el grupo de consejeros del rey. Después se dirigieron al Negus:

"Algunos jóvenes han solicitado refugio en tus tierras. Han dejado la religión de su gente, pero tampoco han aceptado tu religión. Han llegado con una religión falsa que ninguno de nosotros reconoce. Los nobles de entre su gente nos han enviado a nosotros ante ti para que regresen a su tierra. Son sus padres, tíos y familiares y ellos saben mejor qué hacer con ellos".

Los asesores del rey aceptaron y le aconsejaron enviar de regreso a los musulmanes. El Negus se enfureció y respondió que no iba a extraditar a quien pide asilo en su territorio sin antes haberlo escucharlo. Así que llamó a los musulmanes a su presencia y les pidió una explicación. Ja'far, sobrino del Profeta, se levantó y dijo:

"Honorable Rey, nosotros éramos gente ignorante. Venerábamos a los ídolos y comíamos la carne de animales muertos. Cometíamos actos inmorales, separábamos familias y causábamos daño a nuestros vecinos. Los fuertes oprimían a los débiles. Así vivíamos, hasta que Dios nos envió a un mensajero, del que conocíamos su honorabilidad y honestidad. Nos llamó a la adoración del único Dios y a abandonar la adoración de estatuas e ídolos. Nos dijo que habláramos con la verdad, que cumpliéramos nuestras promesas, que cuidáramos nuestros lazos familiares y fuéramos amables con nuestros vecinos. Nos prohibió lo dañino, el derramamiento de sangre, la desvergüenza, la mentira y el engaño. Nos dijo que dejáramos de apropiarnos de los bienes de los huérfanos y evitáramos las falsas acusaciones. Nos habló de rezar, de dar la limosna, de ayunar. Creímos en él y seguimos sus enseñanzas. Adoramos al único Dios y a nadie más, prohibimos lo que está prohibido para nosotros y permitimos lo que está permitido para nosotros. Por estas razones, nuestra gente se puso en nuestra contra, nos torturaron y trataron de que regresáramos a la adoración de ídolos y no de Dios, que consideráramos permitidas las indecencias que antes cometíamos. Cuando no pudimos soportar más sus torturas, buscamos protección en tu tierra. Preferimos venir contigo que con otros, esperamos estar seguros aquí, libres de la opresión."

El rey preguntó a Ja'far, "¿tienes alguno de esos versos que supuestamente vienen de Dios?"

"Por cierto que sí," respondió Ja'far. El rey quería escuchar el Qur'an. Sabiamente, Ja'far escogió algunos pasajes del capítulo de Maryam (María), madre de Jesús, conociendo que el rey era un devoto cristiano y recitó:

"Y recuerda la historia de María en el Qur'an, cuando dejó a su familia para retirarse a un lugar de Oriente. Y tendió un velo para ocultarse de ellos. Le envíamos nuestro Espíritu y éste se le presentó como un mortal acabado. Dijo ella, 'me refugio de ti en el Misericordioso, si es que le temes'. Dijo él, 'yo solo soy un enviado de tu Señor para regalarte un hijo puro'. Dijo ella, '¿cómo puedo tener un hijo si no me ha tocado mortal alguno? No he sido una mujer licenciosa'. 'Así será', dijo. 'Tu Señor dice, 'es cosa fácil para Mí, para hacer de él un signo para la gente y una Misericordia de nuestra parte'". [72]

El rey y los obispos de su corte presentes se conmovieron tanto que comenzaron a llorar. El Negus se compuso y dijo: "Estos versos y lo que fue dado a Jesús son dos rayos provenientes de la misma luz". Acto seguido se dirigió a los enviados de La Meca y les informó que jamás extraditaría a los musulmanes. Eran libres de permanecer en Abisinia y practicar su fe el tiempo que quisieran.

Tal parecía que los Quraysh habían fracasado; pero los enviados no se dieron por vencidos tan fácilmente. 'Amr regresó a ver al Negus al día siguiente y dijo: "¿Sabías que insultan a Jesús llamándole un esclavo?" El Negus se sorprendió. ¿Se había dejado engañar por los musulmanes? El asunto requería una investigación. Llamó a los musulmanes y nuevamente les preguntó: "¿Qué dicen de Jesús, hijo de María?" De nueva cuenta, Ja'far respondió en nombre del grupo: "Sólo decimos lo que nos enseñó nuestro Profeta. Jesús es el siervo y mensajero de Dios. Es Su palabra y espíritu que Él inspiró a la Virgen María". El Negus se inclinó, tomó una pequeña vara del piso y dijo: "Por Dios, Jesús no dijo más que la longitud de esta vara y

---

[72] Qur'an 19:16-21.

lo que tú has dicho". El rey devolvió todos los regalos a los enviados y los despidió. Los musulmanes recibieron asilo y los enviados regresaron a La Meca sin haber cumplido su propósito. Al escuchar las buenas noticias, más musulmanes emigraron. Llegaron a ser alrededor de cien en Abisinia, donde vivieron por algunos años. Muchos musulmanes nobles también emigraron, para vivir en paz y con seguridad.

Un Poco de Alivio

Fue difícil seguir llamando a la gente sin obtener resultados; pero el Profeta tenía que ser persistente. Un día, en el sexto año de su misión, fue insultado gravemente por Abu Jahl. El era una de los peores enemigos del islam e hizo cuanto pudo para frenar el mensaje; pero el Profeta no respondió a sus insultos y se fue a su casa. Hamzah, uno de los tíos del Profeta, venía regresando de una expedición. El era soldado por naturaleza, conocido por su valentía y destreza. Al llegar a la Ka'bah, una mujer que había escuchado lo ocurrido le informó del incidente relacionado con su sobrino. Hamzah fue directo a casa de Abu Jahl y lo golpeó en la cabeza con su arco. Después le dijo: "¿Te atreves a insultarlo cuando yo soy de su religión y digo lo que él dice? ¡Vamos, golpéame tú!" Abu Jahl decidió dar por terminado el asunto. No se sabe si la reacción de Hamzah fue motivada por el orgullo tribal de proteger a su sobrino o por una aceptación genuina del islam. De cualquier manera, su corazón se conmovió y, al poco tiempo, aceptó el islam con sinceridad y cambió su forma de ser. Su aceptación del islam impresionó fuertemente a la población de La Meca. El islam de Hamza dio fuerzas a los musulmanes y ayudó a disminuir la persecución.

Con la mayor parte de los compañeros en Abisinia, los musulmanes de La Meca necesitaban desesperadamente un poco de alivio. Viendo que la entrada de Hamzah a la comunidad musulmana sirvió para fortalecer al islam, el Profeta oró: "Allah, fortalece al islam con cualquiera de los dos que te sea más amado, Abu Jahl or 'Umar ibn al-Khattab". Ambos eran enemigos declarados del islam y solían perseguir a los musulmanes más débiles. Abu Jahl era astuto y gozaba de gran poder, mientras que 'Umar tenía el carácter duro y era muy temido por la población. Los dos eran casos perdidos. Un musulmán dijo: "Es mas fácil que el burro de al-Kha<u>tt</u>ab (padre de 'Umar) acepte el islam que el mismo 'Umar". Pero sólo Dios sabe lo que se esconde en el corazón de cada persona.

'Umar era conocido como un gran bebedor de vino y solía hacer competencias con sus amigos para ver quién podía beber más. Una noche salió en busca de sus amigos para ir a beber, pero no encontró a nadie. Decidió entonces ir a la Ka'bah a venerar a los ídolos. Al llegar al santuario, escuchó al Profeta orando y recitando el Qur'an. 'Umar se escondió para seguir escuchando. "Definitivamente son las palabras de un poeta", dijo para sí. En ese momento, el Profeta recitaba los versos que decían, *"Este es el discurso de un honrado mensajero, no son palabras de un poeta, qué poco es lo que creen"*.[73] 'Umar se desconcertó y pensó, "debe tratarse de ..." Pero antes de que terminara su pensamiento, el Profeta recitó: *"Tampoco son las palabras de un adivino, qué poco es lo que reflexionan. Este es un mensaje enviado por el Señor de los Cielos"*.[74] 'Umar ya no supo qué pensar, ¡era exactamente la acusación que él iba a hacer! Este incidente sirvió para suavizar momentáneamente su corazón y, quizás, fue el primer paso para considerar el mensaje del islam.

Sin embargo, su ira le hizo olvidar pronto esa reflexión pasajera. 'Umar siguió con su pasatiempo de torturar a musulmanes inocentes, hasta que un día decidió poner punto final al asunto. Nu'aym era uno de los que habían logrado mantener su islam en secreto e iba caminando un día por la calle, cuando vio a 'Umar con su espada, echando chispas de furia. "¿A dónde te diriges, 'Umar?", preguntó Nu'aym. "A dar muerte a <u>Muhammad para una</u> vez con esta farsa", contestó

[73] Qur'an 69:40-41.

[74] Qur'an 69:42-43.

furioso. Nua'ym se estremeció, pues sabía que 'Umar hablaba en serio. Rápidamente pensó en la forma de proteger al Profeta. Nadie antes había considerado realmente dar muerte al Profeta, pues hubiera sido una declaración de guerra al clan entero de Hashim y sus aliados. Pero 'Umar estaba tan decidido que no le importaba nada más, ni su vida misma. "¿Y por qué no te ocupas primero de tu familia?", respondió Nuaym. "¿Qué quieres decir?" replicó 'Umar. Nua'ym jamás hubiera pensado poner en peligro la vida de alguien; pero decidió que la seguridad del Mensajero de Allah estaba por encima de todo. "Tu hermana y su esposo se han hecho musulmanes". 'Umar cambió inmediatamente de plan y fue derecho a casa de su hermana.

Fatimah y su esposo Sa'id se las habían ingeniado para mantener su islam en secreto, sabiendo bien que 'Umar los perseguiría si se llegaba a enterar. 'Umar escuchó a los dos recitar el Qur'an desde afuera, irrumpió en la casa y comenzó a golpear a Sa'id. La mujer intervino y, al tratar de ayudar a su esposo, recibió un fuerte golpe de 'Umar en la mejilla. "¡Sí, somos musulmanes, haz lo que quieras!", exclamó. Al ver la sangre corriendo por la mejilla de su hermana, 'Umar se frenó. "Déjame ver lo que están leyendo". Fatimah había logrado esconder el papel donde leían el Qur'an antes de la llegada de 'Umar. Dudó un poco; pero finalmente se lo dio a ver. 'Umar era uno de los pocos en La Meca que sabían leer. Al comenzar la lectura, su semblante cambió. "¡Qué excelente es esto!" Era la primera vez que 'Umar hacía el intento por entender el mensaje del islam. Al momento se convenció y quiso declarar su islam frente al Profeta. Fatimah se percató del cambio en su hermano y le informó dónde se encontraba el Profeta. 'Umar declaró su islam ese mismo día.

'Umar no mantuvo su islam en secreto. Se acercó a los enemigos del islam y les dio a cada uno la noticia: ahora él era un musulmán. Todos se enfurecieron; pero nada pudieron hacer por el temor que 'Umar les inspiraba. Gracias a Ḥamzah y a 'Umar, los musulmanes pudieron rezar abiertamente en la Ka'bah sin que los Quraysh pudieran hacer nada.

Negociaciones

Al ver que ni las burlas ni la persecusión parecían poner alto al crecimiento del islam, los Quraysh intentaron otra estrategia. Pensaron en tratar de sobornar al Profeta, convencerlo de que era posible adorar a Allah en ciertos momentos y, en otros, a los ídolos. Esa era su manera de 'negociar' con el Profeta. Como respuesta a tan absurda idea, los siguientes versos fueron revelados:

"Di, vosotros que negáis la verdad. Yo no adoro lo que vosotros adoráis, ni vosotros adoráis lo que yo adoro. Y yo no adoraré lo que vosotros adoráis, ni vosotros adoraréis lo que yo adoro. Para vosotros vuestra adoración y para mí la mía".[75]

La revelación afirmaba, sin lugar a dudas, que los principios fundamentales del islam jamás podrían comprometerse. La esencia del mensaje islámico era la adoración exclusiva a Allah y el rechazo a otras deidades. Una mínima violación a este principio fundamental significa una negación total del islam.

Al cancelarse la supuesta posibilidad de una negociación, los Quraysh comenzaron a usar otras tácticas de presión. Abu Talib, a pesar de su negativa a aceptar el islam, constantemente defendía el derecho de su sobrino a difundir su mensaje. Como líder del clan de Hashim, era una figura muy respetada entre los Quraysh y no permitió que nadie tocara al Mensajero de Allah. Los otros jefes de Quraysh supieron lo que tenían que hacer. Fueron a ver a Abu Talib y le dijeron que su sobrino estaba insultando a sus dioses, burlándose de su religión y rebelándose contra su cultura. Le ordenaron no dar protección a Muhammad o sufrir las consecuencias. Abu Talib fue con el

---

[75] Qur'an 109:1-6.

Profeta y le dijo: "Sobrino mío, tu gente ha venido a verme con una queja. No causes dificultades para los dos, no agobies a un anciano como yo". El Profeta respondió, con toda firmeza: "Querido tío. Juro por Allah que si la gente de La Meca quisiera sobornarme poniendo el sol en mi mano derecha y la luna en mi mano izquierda, yo no renunciaría a esta misión". Cargado de emoción, las lágrimas comenzaron a rodar por sus mejillas. Abu Talib, conmovido por la determinación de su sobrino, respondió: "Sobrino mío, di lo que lo quieras decir. Juro por Allah que por nada te dejaré".

Boicoteo y Sanciones

La frustración invadió a los Quraysh. Habían hecho todo lo posible por detener el mensaje del islam; pero mientras más trataban, más crecía el islam. Había que tomar medidas más drásticas. Algunos líderes enemigos del islam se reunieron en secreto y decidieron imponer un boicoteo al clan de Hashim para obligarlos a entregar al Profeta. No todos estuvieron de acuerdo en una medida tan drástica; pero las voces más fuertes se impusieron. Se firmó un acuerdo estipulando que el clan de Hashim y el clan de Muttalib, su aliado más cercano, quedarían boicoteados por los Quraysh. Nadie podría realizar transacciones comerciales ni contraer matrimonio con gente de esos clanes.

A pesar de que muchos miembros del clan no habían aceptado el islam, su alianza a las decisiones del clan tomaba precedencia y asumieron las sanciones. Fue un periodo de gran dificultad, mucha gente quedó sin comida ni agua por días enteros, como en épocas de hambruna. Algunos mequíes de buen corazón les surtieron alimentos secretamente. A pesar de las dificultades, el Profeta persistió en su llamado al islam. La situación se extendió por tres años hasta que algunos mequíes decidieron que ya había sido suficiente. Cinco hombres se reunieron y formaron un grupo de defensa contra el boicot. Finalmente lograron cancelar el documento después de tres largos años de opresión.

Un Año de Tristezas

El boicot había terminado; pero Abu Talib ahora estaba enfermo, sus últimos días se acercaban. En unos cuantos meses, se vio rebasado por una enfermedad crónica. Su situación empeoró y cayó en cama. Antes de dar su último suspiro, el Profeta trató una vez más de acercarlo al islam. Entró en su habitación y le suplicó: "Querido tío, al menos di que no hay más dios que Allah para que yo dé testimonio de ti ante Él". Antes de que Abu Talib pudiera responder, dos miembros importantes de Quraysh ahí presentes dijeron: "Abu Talib, ¿serías capaz de abandonar la religión de tus padres?" Abu Talib tenía que examinar los pros y contras de su decisión. Si aceptaba el islam, perdería el honor y el respeto de su clan y de su tribu. Además, probablemente sería acusado de haber tomado una decisión precipitada por su temor ante la muerte. Si rechazaba, su nombre viviría como el de un gran líder entre los Quraysh, fiel hasta la muerte a su familia y a su tribu. Abu Talib tomó la decisión: se quedaba con la religión de sus antepasados.

El Profeta se entristeció, pero respondió: "Seguiré pidiendo a Allah que te perdone hasta que se me prohíba hacerlo". Al poco tiempo, se revelaron estos versos:

"No es propio del Profeta ni de los creyentes pedir perdón por los idólatras, aunque sean parientes próximos".[76]

"Ciertamente, tú no guías a quien amas sino que Allah guía a ~~quien quiere y Él sabe mejor quié~~nes pueden seguir la guía".[77]

[76] Qur'an 9:113.

[77] Qur'an 28:56.

Las revelaciones dejaron en claro que Allah no acepta que alguien pida perdón por otra persona que fallece en estado de incredulidad. Allah ha dado a cada uno la libertad de aceptar o rechazar el mensaje. Las decisiones que la gente toma en la vida son una prueba. Si el Profeta pasa por alto la decisión de un ser querido, como su tío, entonces el examen no cumple su cometido.

Sólo unos meses más adelante, el Profeta perdió también a su amada esposa Khadija. Tiempo después, habló de cómo extrañaba su compañía: "Ella creyó en mí cuando la gente no creía en mí. Ella me vio como un hombre que dice la verdad cuando la gente me llamaba mentiroso. Ella me asistió con su propia fortuna".[78] Como Khadija fue la primer persona en creer en el Profeta (antes, quizás, que él mismo), recibió la buena nueva del paraíso antes de morir.[79]

La partida de Abu Talib tuvo consecuencias inmediatas para el Profeta y su misión. Su tío hostil, Abu Lahab, aprovechó la oportunidad para cercar a su sobrino. Obligó a sus dos hijos a que se divorciaran de sus esposas, hijas del Profeta. Hasta la esposa de Abu Lahab participó en la persecución, esparciendo espinas en el camino por donde solía pasar el Profeta. Las dificultades aumentaron y ahora el Profeta no contaba más con su esposa para consolarlo.

En una ocasión, Abu Jahl se encontraba con unos amigos cerca de la Ka'bah cuando vio orando al Profeta. "A ver quién de ustedes se atreve a arrojar el intestino de un camello a Muhammad cuando esté haciendo la postración", les dijo.

[78] Ahmad.

[79] Bukhari

'Uqbah ibn Abi Mu'ayt aceptó el desafío y salió en busca de tal inmundicia. Regresó al momento justo cuando el Profeta iniciaba la postración. Sin titubear, 'Uqbah vació el recipiente con los intestinos del camello en la espalda del Profeta. Abu Jahl y sus amigos se echaron a reír. Unos de los compañeros del Profeta, Ibn Mas'ud, observaba sin poder hacer nada. El Profeta siguió en postración rezando, hasta que llegó su hija Faṭimah y le limpió la espalda. Sólo en esta ocasión, el Profeta levantó la voz y oró en contra de ellos: "¡Allah! Destruye a Abu Jahl, a 'Uqbah y a los que se les parezcan!"[80]

Otro incidente ocurrió también en la Ka'bah. Mientras el Profeta se encontraba rezando, el mismo 'Uqbah trató de estrangular al Profeta con un pedazo de tela. El Profeta fue tomado por sorpresa. No podía respirar. Abu Bakr casualmente pasaba cerca y corrió en auxilio del Mensajero de Allah. Empujó a 'Uqbal y le gritó: "¿¡Quieres matar a un hombre sólo por adorar a Allah!?"

Cualquiera era libre para ofender al Profeta, ahora que prácticamente se había acabado la protección de su clan. Era común para el Profeta encontrarse con basura frente a la puerta de su casa que arrojaban sus vecinos; la gente lo interrumpía y le gritaba mientras recitaba el Qur'an. En un gesto infantil, un hombre le arrojó tierra a la cara. Faṭimah comenzó a llorar al ver esto y el Profeta dijo: "No te preocupes, hija mía. Allah protege a tu padre". El Profeta fue informado por Allah que su misión eventualmente tendría éxito; pero no sabía cuándo iba a suceder. Ante tanta persecución, incluso un hombre tan respetado como Abu Bakr decidió que era hora de emigrar a Abisinia. Sin embargo, mientras se aprestaba a salir de La Meca,

---

[80] Bukhari

un importante líder tribal decidió darle toda su protección. Así que Abu Bakr no partió. Pero la situación era clara: La Meca parecía ser causa perdida. Era hora de buscar otro lugar para continuar la misión.

Visita a Ta'if

Después de diez de años de difundir el mensaje del islam en La Meca, el Profeta viajó a una población cercana de nombre al-Ta'if, como ochenta kilómetros al oriente. Visitó a los líderes de la tribu de Thaqif, quienes lo insultaron y lo rechazaron. Acompañado por su hijo adoptivo Zayd, permaneció en al-Ta'if algunos días llamando a la gente al islam, con poco éxito. Los insultos de los líderes de Thaqif no cesaban. Incitaron a los indigentes de la población para que arrojaran piedras al Mensajero de Allah y lo corretearan fuera de la ciudad. Le lanzaron piedras a las piernas y golpearon con una a Zayd en la cabeza. Los dos tuvieron que salir corriendo de la ciudad y, más adelante, se pararon a descansar; los pies les sangraban. Tiempo después, el Profeta comentó que ése había sido el peor día de su vida. Pero Allah no lo iba a dejar sin consuelo. Un ángel apareció y le dijo que la ciudad entera podría ser destruída por lo que le habían hecho. Pero el Mensajero de Allah lo rechazó diciendo: "Pido que Allah haga que sus descendientes lo adoren sólo a El".[81] El Profeta no se interesaba en la venganza personal, sólo en transmitir el mensaje. Le bastaba que Allah hubiera enviado a un ángel para informarle que Su ayuda estaba siempre próxima.

En su camino de regreso, el Profeta se enfrentó con un dilema. La noticia de que había tratado sin éxito de obtener refugio en al-Ta'if, ya debía haber llegado a La Meca. No sería posible regresar sin contar con protección. Antes de llegar a la ciudad, envío un mensaje a algunos líderes que, amablemente, se negaron. Finalmente, Mut'im ibn 'Adi le ofreció su protección y así pudo retornar a La Meca. El Profeta nunca olvidó este gesto amable de un hombre noble como Mut'im.[82]

81 Bukhari.

Al poco tiempo, el Profeta fue animado a contraer nupcias de nuevo. Aceptó y casó con Sawdah, una de las primeras conversas al islam. Ella había emigrado a Abisinia con su esposo; pero regresó a La Meca al morir éste. Era de edad avanzada y un poco pasada de peso. Al Profeta no le importó, porque era una mujer de personalidad alegre. Un día, ella rezaba con el Profeta. Este, como era su costumbre, pasó tanto tiempo postrado que ella levantó su nariz por temor a que comenzara a sangrar. Cuando le dijo al Profeta lo que había ocurrido, los dos se echaron a reir. El Profeta tenía ahora a una compañera y a una mujer al cuidado del hogar.

---

[82] Bukhari.

El Llamado a las Tribus de Arabia

Por algunos años, el Profeta llamó al islam a las diferentes tribus de Arabia durante la temporada de la peregrinación. Como casi todas las tribus tenían miembros que viajaban a La Meca cada año, al menos algo del mensaje del islam se conocía en el resto de Arabia. Cada vez que el Profeta se acercaba a una tribu, Abu Lahab lo seguía desde distancia atrás para lanzarle insultos.[83] Pero esto no detuvo al Profeta a continuar con su misión. Algunos habían aceptado el islam en varias tribus; pero ninguno de los líderes había respondido al llamado.

En una ocasión, acompañado por Abu Bakr, el Profeta fue a ver a la tribu de Zuhl. Abu Bakr preguntó: "¿Han escuchado ustedes hablar del Profeta? Aquí está él, vengan a conocerlo". Un hombre se dirigió al Profeta y le dijo: "Oh, hermano de Quraysh, ¿qué es lo tú enseñas?" El Profeta respondió: "Que Allah es sólo uno y que yo soy su Mensajero". Entonces recitó los siguientes versos:

"Di, venid que os declare lo que vuestro Señor os ha prohibido, que no asociéis nada con El, que hagáis el bien a vuestros padres y no matéis a vuestros hijos por temor a la miseria. Nosotros os proveemos a vosotros y a ellos, no os acerquéis a las faltas graves ni externa ni internamente y no matéis a quien Allah ha hecho inviolable excepto por derecho. Esto es lo que se os encomienda para que tal vez razonéis".[84]

Los líderes de la tribu estaban presentes y quedaron impresionados con el mensaje. Pero después de reflexionar por un breve momento, respondieron: "No podemos tomar una

---

[83] Hakim

[84] Qur'an 6:151.

decisión apresurada de abandonar nuestra religión ancestral. Además, tenemos una alianza con Kisra [Crosroes, el gobernante de Persia] y hemos dado nuestra palabra de no aliarnos con nadie más". El Profeta agradeció la franqueza y respondió: "Allah ayudará a Su religión".

El Profeta también se encontró con la tribu de 'Amir y dio explicación del mensaje. Un individuo aparentemente interesado, Firas, respondió: "Si te damos nuestro apoyo y tú logras la victoria ante tus enemigos, ¿tendremos nosotros el poder después de ti?" El Profeta respondió, "Todo está en manos de Allah". El hombre reclamó: "¿Quieres que pongamos nuestras vidas en peligro ante todos los árabes, para que después tú des el poder a alguien más? No nos interesa".

En el úndecimo año de la misión profética, unos cuantos hombres de la tribu de Khazraj aceptaron el islam. Vivían en una población llamada Yathrib, la cual había padecido recientemente los estragos de varias guerras civiles. La reciente guerra de Bu'tah entre las tribus de Aws y Khazraj había aniquilado a muchos combatientes; era urgente encontrar una solución. La calamidad suele ablandar el corazón de la gente más obstinada. Quizás ésta fue una de las razonas que motivó a los habitantes de Yathrib a interesarse en el islam. Otra razón pudo ser la existencia de varias tribus judías en los alrededores de Yathrib que hablaban a menudo de la venida de un nuevo profeta, el cual lograría la victoria sobre sus enemigos. Los habitantes de Yathrib se dieron cuenta que Muhammad era el hombre descrito, así que lo mejor era aceptarlo en la comunidad antes de que alguien más se lo llevara. Quedaba por ver si otros miembros de las tribus de Aws y Khazraj también aceptarían el mensaje.

El Compromiso de 'Aqabah

Al año siguiente, los hombres de Yathrib regresaron a La Meca con una delegación de doce integrantes. El Profeta se reunió con ellos en secreto por la noche en un lugar llamado 'Aqabah. Esta vez, el Profeta los hizo que tomaran un juramento de lealtad: "No asociarán a nadie con Allah, no robarán, no cometerán adulterio, no matarán a sus hijos, no difamarán a nadie y no me desobedecerán en las buenas acciones que les ordene".

Antes de que regresaran, el Profeta decidió enviar a Mus'ab ibn 'Umayr a Yathrib a enseñar el mensaje del islam. Mus'ab fue uno de los primeros en aceptar el islam y se enfrentó a muchas dificultades. Era un hombre joven acostumbrado a las comodidades, ya que venía de una familia muy rica; pero al aceptar el islam, su familia lo desheredó y tuvo que emigrar a Abinisia. El Profeta fue testigo de cómo la suerte de Mus'ab cambió de la riqueza a la pobreza, todo por amor a Allah. El era el hombre indicado para llevar el mensaje del islam a Yathrib.

Tan pronto como llegó, Mus'ab comenzó a llamar a la gente al islam y a enseñar a los musulmanes la nueva forma de vida. Un día, mientras hablaba a un grupo de musulmanes, se acercó un importante líder con una lanza en mano. Su semblante no era de buenos amigos. "¡Deja ya de engañar a los tontos de nuestra gente con tu nueva religión y vete de aquí", gritó. Era obvio que había recibido mala información. Mus'ab respondió con toda serenidad, "¿Por qué no tomas asiento con nosotros? Si te parece lo que hablamos, puedes aceptarlo. Si no te parece, dejaremos de molestarte". El hombre pensó por un momento y aceptó la propuesta. Al momento de conocer la verdad del islam y escuchar unos versos del Qur'an, se convenció y aceptó. Durante el transcurso de un año, Mus'ab siguió utilizando esta táctica de evitar la confrontación hasta que prácticamente todos los hogares de Yathrib contaban con al menos un musulmán en la familia.

Era el año decimotercero de la misión profética y ahora setenta y tres hombres y dos mujeres viajaron a La Meca a encontrarse con el Profeta durante la época de peregrinación. De nuevo se reunieron en secreto en 'Aqabah. Esta vez, directamente solicitaron que el Profeta se trasladara a Yathrib a servir como su nuevo líder. Antes de aceptar la invitación, el Profeta tomó juramento de cada uno de ellos: "Escucharás y obedecerás mis órdenes, sean fáciles o difíciles, darás caridad, vivas o no en la abundancia, promoverás el bien entre la gente y advertirás sobre el mal, no tendrás temor a la censura por lo que hagas en bien de Dios y me darás protección de la misma forma que proteges a tu familia". Quedó claro que este pacto se extendía más allá de las buenas obras individuales. Hubo también el indicio de que quizás fuera necesario defenderse de un posible ataque de los Quraysh. Pero la fe de todos era profunda; estaban preparados para enfrentar cualquier dificultad. Todos aceptaron el compromiso y regresaron a Yathrib. El islam seguía creciendo.

La Migración a Madinah

El Profeta dio luz verde a los creyentes para que comenzaran a emigrar a Yathrib, la cual cambió su nombre a Madinatu al-Nabi, es decir, ciudad del Profeta, o simplemente Madinah. Como si el viaje no fuera lo suficientemente arduo, los Quraysh hicieron lo posible por impedir la salida de los musulmanes.

Suhayb fue un ejemplo de esto. Era oriundo de Persia; pero fue capturado y vendido como esclavo en Roma, donde creció y aprendió el idioma, hasta que fue vendido otra vez en La Meca. El hombre generoso que lo compró finalmente lo liberó y Suhayb llegó a ser conocido entre la población como al-Rumi, es decir, el Romano. Se ocupó en el comercio y llegó a acumular gran riqueza. Sin embargo, seguía siendo un extranjero sin lazos tribales y recibía trato como ciudadano de segunda clase. Como uno de los primeros conversos al islam, su condición era aún menor. Había llegado la hora de que Suhayb emigrara a Madinah. Al emprender la partida, fue descubierto por los Quraysh. "¿A dónde crees que vas? Llegaste a La Meca como esclavo. ¿Crees que te vamos a dejar ir con toda tu fortuna?" alguien gritó. Suhayb pensó por un momento e inmediatamente se dio cuenta que no tenía necesidad de toda esa riqueza. Estar con los musulmanes en Madinah era una experiencia invaluable. Renunció a toda su riqueza para poder emigrar. Cuando el Profeta se enteró, dijo: "Suhayb ha obtenido buena ganancia," refiriéndose a la recompensa que obtendría de Allah por su sacrificio.

Otro ejemplo de la dificultad para emigrar es la historia de 'Umar, 'Ayyash y Hisham. Los tres se pusieron de acuerdo para encontrarse en cierto lugar por la mañana y viajar juntos. Al llegar la mañana, Hisham no apareció. Los Quraysh lo habían detenido; pero 'Umar y 'Ayyash decidieron continuar con el plan. Cuando estaban partiendo, Abu Jahl los alcanzó y dijo a 'Ayyash que tenía un mensaje muy importante para él. "Cuando tu madre se enteró de tu partida, juró que se quedaría de pie bajo el sol y nunca peinaría su cabello hasta verte de nuevo". Otro hombre presente confirmó la noticia. 'Umar advirtió a 'Ayyash que se trataba de una treta; pero el corazón de éste se conmovió. 'Ayyash estaba decidido a ir a ver a su madre, así que 'Umar cambió de camello con él y le dijo, "Este camello es muy rápido, quédate atrás y si ves algo sospechoso, aléjate de prisa". Los tres hombres emprendieron el retorno a La Meca en dos camellos. En el camino, Abu Jahl comenzó a quejarse de la lentitud de su camello. El grupo entero avanzaba lentamente, entonces le preguntó a 'Ayyash: "¿Puedo tomar tu camello?" Ocupado con el pensamiento de su madre, 'Ayyash dijo que sí. Al momento de descender del camello, los dos hombres se le avalanzaron y lo ataron de manos. 'Ayyash fue hecho prisionero junto con Hisham. Tuvieron que transcurrir algunos meses para que los musulmanes pudieran imponerse.[85]

En cosa de dos meses, casi todos los musulmanes habían logrado emigrar; mientras que el Profeta seguía en La Meca con algunos de sus compañeros. Los Quraysh observaban enfurecidos cómo los musulmanes habían encontrado asilo y, además, gobernaban una ciudad entera. Por si fuera poco, esa ciudad se encontraba en el camino a Siria, por donde tenían que pasar las caravanas de los Quraysh con sus mercancías. Los mercaderes tendrían que pasar por territorio musulmán en su ruta al norte, donde sus negocios daban alrededor de un cuarto de millón de dinares de oro al año. Algo tenía que hacerse.

---

[85] Bukhari.

Los líderes de los Quraysh convocaron a una junta de emergencia con un sólo propósito: poner un alto a Muhammad.[86] Se propusieron algunas ideas; finalmente se decidió darle muerte. Pero, ¿quién se atrevería a matarlo y hacer la guerra con el clan de Hashim y sus aliados? Fue Abu Jahl quien encontró la solución al dilema: "Si un hombre de cada clan lo apuñala exactamente al mismo tiempo, la sangre caerá en manos de todos los clanes. Sería imposible hacer la guerra con todos los clanes, así que tendrían que conformarse con una compensación monetaria". La idea era en verdad ingeniosa, aunque no todos estuvieron de acuerdo. Aún así, fue aceptada al final de la reunión.

Los asesinos se juntaron afuera de la casa del Profeta justo antes del alba, sabiendo bien que el Profeta solía ir a la Ka'bah en las primeras horas del día. Sin embargo, el Profeta ya había recibido información del plan y habló con Abu Bakr el día anterior. "Se me ha concedido el permiso para emigrar". "¿Tendré el honor de acompañarte?" respondió Abu Bakr. "Sí", fue la respuesta. Abu Bakr se había estado preparando por meses para el viaje. Contaba con dos camellos de gran vigor que comían una planta especial para hacerlos aún más fuertes.[87] Justo antes del alba, el Profeta pasó por entre los asesinos sin que éstos se dieran cuenta, por la gracia de Allah. Se dirigió inmediatamente a casa de Abu Bakr, quien tenía todo listo para el viaje. Todo estaba en su lugar de acuerdo al plan. Ambos emprendieron la marcha a pie en dirección al sur y se escondieron en una cueva en la cima del Monte Thawr. La cueva estaba a unos kilómetros de La Meca, en dirección

---

[86] Qur'an 8:30.

[87] Bukhari.

opuesta a Madinah; sus enemigos estarían buscando en las rutas normales hacia Madinah. Como se esperaba, los Quraysh enviaron a varios cazarrecompensas en su busca y ofrecieron una larga suma de cien camellos a quien encontrara a Muhammad, vivo o muerto.

Pasaron tres noches en la cueva, mientras el hijo de Abu Bakr los visitaba todos los días para informarles de los planes de los Quraysh. Para evitar que fueran detectados, Abu Bakr se había puesto de acuerdo con un pastor que llevó a su ganado por el camino al Monte Thawr, cubriendo así las huellas en la arena.[88] La mayoría de los cazarrecompensas rastreaba los caminos hacia el norte; pero un grupo se dirigió al sur, en dirección a la montaña. Los cazadores llegaron hasta la cima, cerca de la entrada a la cueva. Abu Bakr escuchó pisadas y sintió temor. "Si miran hacia abajo, nos van a encontrar". No sintió temor por su vida, sino por el Profeta y por el mensaje del islam. "Quédate quieto", el Profeta susurró, "tú y yo somos dos, pero con Allah somos tres"; es decir, que Allah estaba ahí para protegerlos.[89] Después de buscar por un rato, los hombres partieron.

Al cuarto día, recibieron la noticia de que la búsqueda estaba por abandonarse, así que avanzaron a la siguiente fase de su plan. Abu Bakr contrató a un experto guía del desierto, de nombre 'Abdullah. Aunque no era musulmán, era hombre de fiar, aún en estas circunstancias tan delicadas. LLegó a la montaña con los camellos de Abu Bakr y suficiente comida para el viaje. El Profeta y su compañero emprendieron el camino a <u>Madinah por una ruta muy poc</u>o usada en medio del candente

[88] Bukhari.

[89] Bukhari; Qur'an 9:40.

desierto. Viajaban de noche para no ser detectados. Cada vez que se encontraban con gente del desierto que les preguntaba quiénes eran, Abu Bakr respondía, "soy Abu Bakr y este hombre es mi guía". Abu Bakr no estaba mintiendo, aunque una situación tan delicada como ésta lo hubiera justificado, ya que quiso decir que el Profeta era su guía en la vida.[90] Finalmente, después de varios días de viaje en el desierto, Madinah apareció a la vista. La misión del islam entró a a una nueva fase. Los musulmanes ya no serían una minoría perseguida, ahora tenían la libertad para practicar el islam y formar una sociedad como Allah manda.

---

[90] Bukhari.

Cuarta Parte: La Lucha por Sobrevivir

Llegada a Madinah

La población de Madinah recibió la noticia de que el Profeta se encontraba en camino. Se anticipaba su llegada con emoción, aunque también había cierta incertidumbre en los corazones de la gente. El desierto era zona de peligro y los Quraysh tenían muchos aliados a lo largo de la ruta hacia el norte, bien podían atacar al Mensajero de Allah. Cuando se aproximada su llegada, la gente de Madinah salía a las afueras de la ciudad todos los días a mirar hacia el horizonte, esperando la aparición de su nuevo líder. Finalmente, después de mucho esperar, alguien gritó desde lo alto de una palmera: "¡Ahí está!".[91] La gente de Madinah sintió un gran alivio y se llenó de alegría.

El primer lugar donde el Profeta paró fue en una pequeña aldea llamada Quba', que se encontraba en un lugar elevado a unos cinco kilómetros de Madinah. La mayoría de los migrantes paraban allí al llegar de su viaje. El Mensajero de Allah recibió una cálida bienvenida y permaneció en la aldea por dos semanas.[92] A pesar de lo extenuante del viaje, el Profeta inmediatamente hizo planes para construir la primera mezquita de los musulmanes.[93] Tomó parte en la construcción cargando pesadas piedras con sus propias manos, poniendo un ejemplo para todos los futuros líderes.

Cuando la mezquita quedó terminada, se dirigió a la ciudad. La gente de Madinah salió a recibirlo. Los hombres portaban sus armaduras y sus armas. Era la costumbre en Arabia para dar cuenta de su poderío. Las mujeres estaban de pie en las

---

[91] Bukhari

[92] Bukhari

[93] Qur'an 9:108.

azoteas de las casas, entonando canciones y tocando tamborines. Fue el día más festivo que se había visto en Madinah, una recompensa por el trato cruel que recibió el Profeta en Ta'if. Era el mes de al-Rabi' al-Awwal, trece años desde que el Profeta recibió la primera revelación de Allah. Esta migración marcó una nueva etapa en la misión del Profeta y más adelante marcó el punto en que inicia el calendario musulmán.

Muchos jamás habían visto al Profeta en persona. Algunos accidentalmente se dirigieron a Abu Bakr – quien se encontraba junto al Profeta – y comenzaron a saludarlo a él. Sólo cuando Abu Bakr dio sombra al Mensajero de Allah, como signo de respeto, es que se dieron cuenta de su error.[94] Todos se preocuparon por mostrar su hospitalidad al Profeta, insistiendo cada uno que se quedara con ellos. El Mensajero de Allah no quiso insultar a nadie, así que decidió quedarse con unos tíos maternos lejanos que vivían en Madinah, un gesto razonable que todo mundo comprendió.[95]

---

[94] Bukhari.

[95] Muslim.

Construcción de la Mezquita

Una vez más, la primera tarea que ocupó al Profeta fue la construcción de una mezquita donde todos los creyentes se pudieran reunir para hacer sus oraciones. Se compró un pedazo de tierra que pertenecía a dos huérfanos, quienes se resistían a recibir pago; pero el Profeta insistió en pagarles. La construcción comenzó casi inmediatamente y todos, incluyendo al Profeta, participaron. Los musulmanes entonaban canciones y se regocijaban al estar trabajando por la causa de Allah. La mezquita llegó a ser conocida como "la mezquita del Profeta", aunque se trataba simplemente de un patio rodeado de paredes de adobe y cubierto con hojas de palma. Eventualmente, se echó grava al suelo para evitar que se hiciera lodo durante la lluvia.

En La Meca, los musulmanes no podían rezar en grupo debido a los constantes peligros que enfrentaban. Ahora que los peligros habían desaparecido, las cinco oraciones diarias podían hacerse en la mezquita. Bilal, el antiguo esclavo, recibió el honor de hacer el llamado a la oración. Cada vez que alzaba la voz para decir, "¡Allah es Grande!", la gente dejaba lo que estaba haciendo e iba a la mezquita para la oración. Una mezquita es mucho más que un lugar de oración. Es un refugio para alejarse de las preocupaciones de este mundo y regresar a Allah, aunque sea por unos momentos. Además, la mezquita es el centro de la sociedad, donde la gente se reúne día con día, se conoce, estudia el islam y, además, discute asuntos importantes.

En una esquina de la mezquita había una plataforma llamada 'ṣuffah', cubierta por un techo. Esta área fue designada como refugio para los musulmanes indigentes que no tenían lugar a donde llegar. Los musulmanes más afortunados les llevaban comida y, a menudo, los invitaban a comer a sus casas. Se les conocía como 'la gente de la plataforma' y su número variaba. Dedicaban sus noches a la oración y sus días al aprendizaje del islam.   El Profeta invitaba a algunos de ellos a salir por las mañanas a cortar leña y dar de comer al resto, para que no tuvieran que regresar a la mendicidad.

Mientras se construía la mezquita, el Profeta permaneció con Abu Ayyub al-Ansari, ya que no contaba con casa propia y se negaba a aceptar los extravagantes regalos que le ofrecían con alegría sus seguidores.   Se limitaba a aceptar algunos alimentos especiales que sus vecinos le enviaban.   Una vez que la mezquita quedó terminada, se construyeron algunas habitaciones junto a ella, para el Profeta y su familia.   Cada habitación era de dimensiones muy pequeñas.

Hermandad Total

Los musulmanes que emigraron a Madinah recibieron el honorable título de 'Los Emigrantes' (al-Muhajirun), porque habían abandonado sus tierras por la causa de Allah. Los musulmanes en Madinah fueron llamados 'Los Ayudantes' (al-Ansar) porque ayudaban a los primeros a establecerse en su nueva patria. Muchos mequíes habían dejado todas sus pertenencias y les costó trabajo adaptarse a la nueva vida. No había duda de que los musulmanes de Madinah darían toda su hospitalidad a sus hermanos despojados; pero fue necesario encontrar soluciones más duraderas, no se trataba de simple caridad. El Profeta instituyó un pacto de hermandad entre los dos grupos y unió a un emigrante con un ayudante. El ayudante debía compartir su casa y sus pertenencias con su hermano emigrante. Los que llegaban de La Meca eran mercaderes de profesión, mientras que los de Madinah se dedicaban a la agricultura. Estos últimos ofrecieron dar la mitad de sus tierras a sus hermanos mequíes; pero el Profeta se negó. Es probable que no deseara dar una carga demasiado grande a los Ayudantes, o quizás pensó que los otros no sabrían cómo hacerse cargo debidamente de la tierra. Se decidió entonces que los Emigrantes trabajaran en los plantíos y recibieran la mitad de la cosecha.[96] Algunos mequíes comenzaron a comerciar en los bazares de la localidad y llegaron a acumular grandes riquezas gracias a su habilidad para los negocios. El pacto de hermandad continuó por varios años hasta que los Emigrantes pudieron valerse por sí solos.

---

[96] Bukhari

La Guerra Fría

Los musulmanes lograron escapar de la persecución en La Meca; pero los Quraysh no cesaban en su afán de acabar con el islam y con los musulmanes. Era un gran insulto que miembros de su propia familia abandonaran sus antiguas costumbres y huyeran de la ciudad. Los Quraysh esperaban el momento justo para atacar a los musulmanes y acabar con ellos de una vez por todas. La primera medida fue enviar una carta amenazante a 'Abdullah ibn Ubayy, quien, antes del Compromiso de 'Aqabah, estaba a punto de ser elegido líder de las tribus de Aws y Khazraj.[97] Era natural que guardara cierto resentimiento hacia el Mensajero de Allah, ya que a éste se le había conferido el rango y poder que, de otra manera, hubiera recaído en él. El mensaje de la carta era directo: "Tú has dado refugio a un hombre de nuestra gente. Debes matarlo o expulsarlo; de lo contrario, te atacaremos".[98] El Mensajero de Allah se enteró de la carta y logró convencer a ibn Ubayy que no era correcto combatir a su propia gente. Después de todo, la mayoría de los habitantes de Madinah ahora eran musulmanes dedicados al islam. Ibn Ubayy estuvo de acuerdo; pero siguió repudiando públicamente al islam.[99]

La situación en Madinah se tornó peligrosa. Un guardia armado vigilaba la casa del Profeta de noche debido a la gravedad de la situación.[100] No sólo la amenaza física de los Quraysh dificultaba la vida de la comunidad musulmana, la situación

---

[97] Bukhari.

[98] Abu Dawud.

[99] Bukhari.

[100] Bukhari.

política era de lo más preocupante. En La Meca, el Profeta había logrado hablar con todas las tribus de Arabia durante la época de la peregrinación para que pudieran escuchar el mensaje del islam. Pero los Quraysh utilizaron su influencia en Arabia para impedir que algunas tribus visitaran Madinah. Era necesaria una estrategia para reducir la hostilidad de los Quraysh y lograr, quizás, un acuerdo de convivencia pacífica.

Ahora que Madinah era una ciudad con nueva identidad, su espacio y su autoridad debían ser reconocidas por las comunidades vecinas. Una sociedad no puede existir totalmente aislada de los elementos que la rodean. Al no existir un gobierno central en Arabia, las tribus y diferentes comunidades se relacionaban entre sí por medio de alianzas y tratados. Sin éstos, el peligro de guerra era constante. Una tribu pactaba un acuerdo con otra tribu sólo si había algún incentivo o ganancia de por medio. Los Quraysh, con todo su poder, no tenían nada que ganar en un pacto con los musulmanes.

El Profeta entendió la situación perfectamente; pero nada podía hacer. Finalmente, los los siguientes versos fueron revelados: *"A quienes han sido víctimas de injusticia, les está permitido luchar y verdaderamente Allah tiene poder para ayudarles. Los que han sido expulsados de sus casas sin derecho, sólo por haber dicho, nuestro Señor es Allah"*.[101] Antes de la revelación de estos versos, los musulmanes no tenían permiso para combatir, ni siquiera en defensa propia. Por eso muchos musulmanes habían sido humillados y torturados en La Meca. Ahora que las circunstancias habían cambiado, tenían el permiso para defenderse.

---

[101] Qur'an, 22:39-40.

El Profeta inmediatamente adoptó una estrategia triple. Envió expediciones armadas para lograr tres objetivos diferentes, pero relacionados entre sí. Uno: obtener información de inteligencia sobre los planes de los Quraysh y rastrear el movimiento de sus caravanas. Dos: concluir acuerdos de paz y pactar alianzas con varias tribus de Arabia, especialmente con tribus asentadas en el camino a La Meca. Tres: bloquear el paso y acosar a las caravanas de los Quraysh que debían pasar por Madinah camino a Siria. El bloqueo económico presionaría a los Quraysh para pactar un acuerdo con los musulmanes, además de interrumpir el comercio, fuente de ingresos para financiar una posible guerra contra los musulmanes.

A un Paso de la Guerra

La situación continuó sin cambio por varios meses. Los musulmanes lograron pactar acuerdos de paz con varias tribus. Continuamente llegaba a Madinah información sobre las actividades de los Quraysh; las caravanas de éstos se veían forzadas a tomar otras rutas más largas para llegar a Siria. Sin embargo, los Quraysh no cedieron. No les importaba hacer la paz con los musulmanes. Se llegaron a dar pequeños enfrentamientos entre musulmanes y Quraysh; pero no hubo pérdida de vidas.

En el mes de Rajab 2 D.H.,[102] el Profeta envió a 'Abdullah ibn Jahsh a un lugar llamado Nakhlah, cerca de La Meca, en una misión de inteligencia con sólo doce hombres armados. 'Abdullah avistó a cuatro hombres nobles de los Quraysh y decidió atacarlos, ignorando las órdenes del Profeta. Era el último día del mes de Rajab, uno de los cuatros meses sagrados en que los árabes tenían prohibido el combate. Sin embargo, 'Abdullah lanzó el ataque, quizás ignorando que aún faltaba un día para que terminara el mes de Rajab. Dio muerte a 'Amr ibn al-Hadrami y tomó a dos prisioneros junto con sus pertenencias; el otro logró escapar. 'Abdullah regresó a Madinah y el Profeta lo reprendió. Unicamente se le había ordenado reunir información, no matar ni robar. El Profeta liberó a los dos cautivos y mandó que se les regresaran sus pertenencias. Pero el daño ya estaba hecho y los Quraysh ahora tenían la excusa que buscaban para iniciar el ataque.

Los Quraysh comenzaron inmediatamente los preparativos para atacar a Madinah. Alrededor del mismo tiempo, regresaba de

---

[102] D.H. significa 'después de *hijra* (migración o hégira)' y se utiliza para indicar fechas.

Siria una gran caravana con Abu Sufyan al frente. Abu Sufyan era uno de los líderes de los Quraysh y había fortificado a su caravana con unos cuarenta hombres armados. El Profeta salió de Madinah con unos cincuenta soldados en dirección a la caravana. Se desconoce si estaba enterado de los planes de los Quraysh, aunque es probable debido al número de soldados que lo acompañaban. Abu Sufyan inmediatamente se dirigió al poniente, hacia el Mar Rojo para evadir al ejército musulmán. Mientras tanto, los Quraysh ya habían despachado a más de mil soldados. No se sabe si este ejército de los Quraysh tenía la orden de atacar a Madinah o simplemente defender a la caravana. Lo único cierto es que estos dos ejércitos se enfrentarían cara a cara, en la primera batalla entre musulmanes y Quraysh.

La Batalla de Badr

Tan pronto como se confirmó que el enemigo se encontraba en camino, el Profeta consultó con sus seguidores para decidir si debían enfrentar a la caravana o regresar a Madinah. Abu Bakr y 'Umar dijeron estar dispuestos a continuar. El Profeta hizo la misma pregunta otra vez. Otro emigrante contestó afirmativamente. El Mensajero de Allah preguntó una tercera vez si debían regresar a Madinah. Unos de los representantes del grupo de los Ayudantes comprendió la vacilación del Profeta y respondió: "Haz lo que desees, estamos contigo. Juro por Allah que si quisieras cruzar el mar y dar un salto en el agua, nosotros saltaríamos detrás de ti". Estas palabras eran la confirmación que el Profeta necesitaba. Cuando la población de Madinah dio su promesa de proteger al Profeta, el acuerdo se limitaba a la defensa de la ciudad. El Profeta debía estar seguro de que los Ayudantes también accedían por voluntad propia a luchar fuera de la ciudad.

Los musulmanes llegaron a Badr, una pequeña población a unos ciento treinta kilómetros de Madinah. Cada año se organizaba un gran bazar en este lugar; pero ahora estaba abandonado. Los musulmanes llegaron primero a Badr y se detuvieron en cierto lugar. Uno de los compañeros, Hubab ibn al-Mundhir, preguntó al Profeta: "¿Es Allah quien nos ordena parar aquí?" El Profeta respondió que no. Hubab dijo: "Entonces sugiero que sigamos hasta el pozo de agua más grande y acampemos ahí. De esa manera, impediremos al enemigo acceso al agua". El Profeta inmediatamente aceptó el sabio consejo y el ejército se reubicó.

Antes de que los Quraysh llegaran, hubo cierta discusión sobre la forma de proceder. Muchos se oponían a la guerra, de la misma forma en que se habían opuesto al boicot de Abu Ṭalib años atrás. Tenían varias razones para negarse. En primer lugar, muchos miembros de sus propias familias habían aceptado el islam, así que no querían luchar contra ellos. Segundo, la caravana de Abu Sufyan había llegado al Mar Rojo y estaba a salvo, así que no había excusa para tomar medidas defensivas. Tercero, uno de los líderes mequíes ofreció hacerse cargo del pago de sangre por 'Amr ibn al-Hadramy, quien había sido asesinado. Según las costumbres árabes, este pago hubiera bastado para expiar la culpa, invalidando así la venganza. Pero las voces de los instigadores que clamaban por la guerra, como Abu Jahl, lograron callar las voces de la razón y la compasión. El clan de los Zuhrah pareció no interesarse por la decisión de los Quaysh y emprendió el regreso a La Meca. El clan de Hashim también se resistía a la guerra; pero la presión que ejercieron los Quraysh fue demasiado grande. Los Quraysh aún estaban totalmente armados con más de mil hombres – la mayoría portando sus armaduras – y cien caballos. Todos los líderes de Quraysh se encontraban en este batallón. Los musulmanes, por otra parte, contaban con sólo trescientos hombres pobremente armados y dos caballos.

Antes del inicio de la batalla, empezó a caer una lluvia. Esto permitió a los musulmanes refrescarse en el desierto y además retrasó el arribo de los Quraysh, quienes se encontraban todavía fuera de Badr.[103] Además, el ejército musulmán había logrado dormir la noche anterior, así que todos estaban descansados por la mañana. Sólo el Profeta se mantuvo despierto, orando a Allah para que les concediera la victoria.

A la mañana siguiente, los dos ejércitos se encontraron cara a cara. Era el mes de Ramadán, más de un año después de la

---

[103] Qur'an 8:11.

migración a Madinah. El Profeta organizó las filas de su ejército y colocó a cada soldado en posición. La batalla comenzó con tres duelos. Hamzah, 'Ali y 'Ubaydah se enfrentaron con los familiares de 'Amr ibn al-Hadrami, quienes llegaron buscando la venganza. Los tres soldados de los Quraysh cayeron, mientras que 'Ubaydah quedó mortalmente herido. Al momento la batalla se desató. Miembros de una misma familia luchaban entre sí, el hijo contra el padre, el hermano contra el hermano. Los musulmanes estaban rebasados numéricamente; pero con la ayuda de Allah, lograron imponerse al ejército de los Quraysh, que comenzó la retirada. Setenta idólatras murieron y setenta más quedaron cautivos. La mayoría de los líderes de Quraysh encontraron la muerte ese día, incluyendo el notorio Abu Jahl. Los musulmanes sólo perdieron a unos catorce hombres.

Después de la Guerra

El verdadero carácter de un ejército victorioso se aprecia no sólo durante la batalla, sino también una vez que el conflicto ha terminado. Los prisioneros de guerra fueron esposados y puestos bajo la responsabilidad de soldados musulmanes. El Profeta ordenó que se les diera buen trato y suficiente comida. Algunos compañeros tomaron las palabras del Profeta tan en serio que ofrecieron pan a los prisioneros para comer y ellos se quedaron sólo con datiles.[104] Además se les ofrecieron mejores prendas para vestir que las que llevaban los musulmanes. A su regreso a Madinah, 'Umar recomendó que se diera muerte a los cautivos porque si se les dejaba en libertad, lo más probable es que regresaran para atacar a los musulmanes. Sin embargo, Abu Bakr sugirió que se exigiera el pago para su liberación, ya que muchos de ellos eran familiares y el dinero podría utilizarse para la difusión del islam. El Profeta aceptó la propuesta de Abu Bakr y los prisioneros acaudalados fueron liberados mediante el pago, mientras que los prisioneros que sabían leer debían enseñar a diez musulmanes a leer y escribir para lograr su libertad.

Mientras tanto, en La Meca, los Quraysh lloraban a sus muertos. Con sentimientos mezclados de tristeza y furia, juraron venganza. La noticia de la victoria de los musulmanes se esparció como reguero de pólvora por toda Arabia y transformó la imagen del islam. La mayoría de los árabes veía al islam como algo pasajero que pronto iba a desaparecer. La Batalla de Badr dejó muy en claro que los musulmanes eran toda una fuerza. El respeto que obtuvieron por su victoria se extendió por toda Arabia. Además, la moral se elevó enormemente. Los

---

[104] Tabari.

musulmanes habían dado la cara por trece años. Ya no serían más las víctimas indefensas de los Quraysh.

Los Nuevos Enemigos

Pudiera pensarse que el Profeta y sus seguidores, a cientos de kilómetros de distancia de La Meca, disfrutaban ahora de una seguridad y tranquilidad que no habían tenido antes. No fue así del todo. En La Meca, la única fuerza enemiga eran los Quraysh. En Madinah, a pesar de la ventaja estratégica de estar al mando de una ciudad entera, surgieron dos fuerzas hostiles, particularmente después de la Batalla de Badr.

La primera y más peligrosa surgió dentro. Existían algunos árabes en Madinah, como 'Abdullah ibn Ubayy y sus seguidores, que se resistían a abandonar el culto a los ídolos. Sin embargo, después de la victoria en Badr, muchos de ellos dijeron ser musulmanes, al menos en apariencia. Su conducta mostraba claramente que la verdadera fe aún no había entrado en sus corazones. Aparentar ser musulmanes les redituaba cierta ventaja política. La revelación de algunos versos del Qur'an advertía a los verdaderos musulmanes del peligro que representaba para la sociedad este grupo de hipócritas. Sin embargo, el Profeta nunca señaló directamente a un hipócrita e instruyó a sus seguidores a juzgar a los demás por sus acciones, ya que sólo Allah es quien conoce las verdaderas intenciones de la gente. Los hipócritas conspiraban secretamente con los Quraysh por la noche, mientras que en el día oraban al lado de los musulmanes.

El segundo peligro surgió de las tribus judías asentadas en Madinah y sus alrededores por cientos de años. Estas tribus solían vivir en fortalezas bien edificadas para protegerse de la población mayoritaria, es decir, de los árabes. Los judíos eran los más cercanos a los musulmanes en los principios fundamentales de la fe. Sólo adoraban a Allah y creían en todos los profetas hasta Musa (Moisés). El Qur'an hablaba de ellos con respeto, al igual que de los cristianos, como la 'Gente del Libro', ya que poseían una escritura procedente de Allah. Al llegar a Madinah, el Profeta hizo un tratado con las tribus judías para definir las relaciones entre ellos y los musulmanes. Entre los principales puntos de este acuerdo se encontraban los siguientes: todo musulmán y todo judío era libre de practicar su propia religión, ambos se darían apoyo mutuo ante el ataque de un enemigo externo y no estaba permitido pactar con los Quraysh en contra de los musulmanes.

Algunos judíos incluso aceptaron el islam. Uno de los principales rabinos de Madinah, de nombre 'Abdullah ibn Salam, afirmaba que el Mensajero de Allah era mencionado en la Torah. Sin embargo, cuando se convirtió, fue insultado por los miembros de su propia comunidad. Muchos judíos, haciendo gala de su orgullo ancestral, menospreciaban al Profeta. Estos judíos eran del linaje de Is͟haq (Isaac), mientras que Muhammad era del linaje de Ishma'il (Ismael). En honor a la verdad, los árabes paganos se consideraban superiores al resto de la gente; pero el islam vino a acabar con toda noción de superioridad. De alguna manera, se podría decir que los judíos tenían sus problemas con el hombre, no con el mensaje; mientras que con los árabes paganos era exactamente lo opuesto.

A pesar de todo, el Profeta siguió inculcando a los musulmanes el trato respetuoso con los judíos. Una revelación posterior declaró que los musulmanes podían comer la carne de animales sacrificados por la Gente del Libro y también podían casarse entre sí.[105] Esto fue un signo de respeto para las prácticas religiosas cuyos principios, en general, proceden de Allah.

---

[105] Qur'an 5:5.

Cuando la procesión fúnebre de un hombre judío pasó frente al Profeta, éste se puso de pie en señal de respeto.[106] Era de esperarse que el buen trato fuera recíproco; pero no fue así. Muchos judíos pasaban junto a musulmanes y decían "as-sam 'alaykum", es decir, "la muerte sea con ustedes". Se trataba de una variación del saludo común de los musulmanes, "as-salamu 'alaikum", que quiere decir, "la paz sea con ustedes". Cuando 'Aisha, la segunda esposa del Profeta, los escuchó, respondió frustada: "¡La muerte sea con ustedes y que Allah los maldiga!" Sin embargo, el Profeta le mandó conservar la calma y responder simplemente, "y con ustedes también", es decir, que si daban el saludo de paz, lo recibirían por igual; pero si su intención era el insulto, éste se les regresaría.[107] El odio de algunos judíos llegó a ser tan intenso que solían decir a los árabes paganos que su religión era mejor que el islam, a pesar de que la idolatría es uno de los pecados más graves según las escrituras.[108]

Un incidente en particular enfureció a los judíos. Cuando el Profeta se encontraba en La Meca, acostumbraba rezar frente a la Ka'bah; pero se orientaba en dirección a Jerusalén, hacia el norte. Rezar en dirección a un punto específico es un acto simbólico, ya que Allah no está limitado a un espacio en particular.[109] En Madinah, el Profeta tuvo que decidir entre rezar en dirección a Jerusalén al norte, o hacia La Meca al sur. La orden de Allah fue que rezara en dirección a Jerusalén. Los

---

[106] Bukhari.

[107] Bukhari.

[108] Qur'an 4:51.

[109] Qur'an 2:177.

judíos estaban complacidos, puesto que ellos rezaban en la misma dirección y sentían como si los musulmanes los siguieran en sus oraciones. La realidad es que el islam enseñó a respetar a ambos hijos de Ibrahim (Abraham). Uno de ellos construyó el templo de Jerusalén y otro construyó la Ka'bah: ambos lugares eran sagrados.

Sin embargo, justo antes de la Batalla de Badr, llegó la revelación de unos versos indicando al Profeta que los musulmanes ahora debían orientarse hacia La Meca[110]. El cambio no fue simplemente simbólico. El islam trazaba ahora una fina línea que lo distinguía de las religiones del cristianismo y el judaísmo. El islam no era una simple copia, como algunos pudieran erróneamente pensar, sino una rencuentro con el mensaje de Ibrahim, olvidado por muchas generaciones. También quedaba claro que La Meca no debía darse por perdida, que la Ka'bah quedaría libre de manifestaciones idólatras en un futuro cercano. El cambio fortaleció a los musulmanes y molestó tanto a los judíos como a los Quraysh.

---

[110] Qur'an 2:150.

La Traición de los Qaynuqa'

Unos meses después de Badr, el Profeta fue informado de que los judíos de la tribu de Qaynuqa' que vivían en Madinah planeaban romper el pacto. El Profeta ya había tomado nota de su abierta hostilidad contra el islam; pero debía asegurarse que la información recibida era correcta. Decidió visitarlos para ver cómo estaban las cosas; pero la respuesta fue fría: "El que hayas logrado vencer a un ejército de los Quraysh no te hace especial; si decides atacarnos, verás de lo que estamos hechos". El Profeta notó que las relaciones se habían puesto tensas; algo tenía que hacerse. Unos días después, ocurrió un incidente que agravó aún más la situación. Una mujer musulmana andaba de compras en el mercado de los Qaynuqa', como era habitual, cuando algunos judíos comenzaron a insultarla. La mujer gritó pidiendo ayuda y un musulmán llegó al lugar. Se desató una pelea que dejó muertos a un judío y a un musulmán. Según el pacto existente, se debió consultar al Profeta para resolver este incidente basándose en los principios de paz y justicia. Sin embargo, los Qaynuqa' comenzaron los preparativos para la guerra, esperando que algunos hipócritas vinieran a auxiliarlos, como les habían prometido.

Los musulmanes tuvieron que reaccionar rápidamente. Juntaron un ejército y sitiaron la fortaleza donde estaban los Qaynuqa'. Los hipócritas rompieron su promesa con los Qaynuqa', tal como estos últimos la habían roto con los musulmanes. Después de dos semanas de no recibir suministros ni otro tipo de ayuda, se rindieron. Este tipo de traición se consideraba peor que la guerra. Según principios de derecho internacional, debió darse muerte a los combatientes; pero estos imploraron al Profeta que les salvara la vida. El Profeta se dejó conmover y decidió perdonarles la vida. Sin embargo, no era un tonto. Los Qaynuqa' eran demasiado peligrosos para seguir dentro de la ciudad. Se les confiscaron sus bienes y fueron desterrados. Terminaron estableciéndose con otras tribus judías en los alrededores; pero en vez de agradecer la generosidad del Profeta, su odio aumentó aún más.

La Batalla de Uhud

Inmediatamente después de la victoria de Badr, Madinah vivió en alerta máxima. Se sabía que los Quraysh tratarían de atacar de nuevo; pero se desconocía cuándo. A la muerte de la mayoría de sus líderes, Abu Sufyan se convirtió en el nuevo líder de los Quraysh. Su primer plan de venganza fue por demás infantil. Reunió a doscientos soldados y atacó algunas granjas ubicadas a unos kilómetros de distancia de Madinah. Logró quemar algunas casas y sembradíos hasta que el Profeta juntó a un ejército y salió en su busca. Los enemigos huyeron de regreso a La Meca, botando toda la comida que llevaban consigo para el viaje. Los Quraysh creyeron haber recuperado algo del honor perdido y los musulmanes pensaron que la furia de los Quraysh se había apagado. Quizás había lugar para un acuerdo de paz.

Sin embargo, en el mes de Shawwal 3 D.H., el Profeta recibió información de que tres mil soldados se dirigían a lanzar un ataque contra Madinah. Los Quraysh habían estado preparándose por largo tiempo y las ganancias de las caravanas fueron invertidas en la guerra. Los poetas de La Meca habían estado incitando a la guerra durante casi un año. Quedaba poco tiempo para prepararse. El Profeta organizó a un ejército de mil hombres y consultó con sus compañeros las opciones: enfrentar al ejército opositor a campo abierto o permanecer en la ciudad para defenderla del ataque. El mismo prefería la segunda opción, al igual que el sospechoso 'Abdullah ibn Ubayy. Sin embargo, muchos compañeros que no lucharon en Badr querían ahora el honor de combatir por la causa de Allah   El Profeta cedió ante su fervor y el ejército salió en dirección al Monte Uhud, a unos tres kilómetros de Madinah, para encontrarse con el enemigo. En el camino, 'Abdullah ibn Ubayy dio muestras de su hipocrecía y decidió abandonar al ejército musulmán. "No aceptaste mi consejo de permanecer en la ciudad", dijo desvergonzadamente al Profeta. Se llevó a trescientos de sus hombres, dejando a los musulmanes con sólo setecientos soldados. Desde la perspectiva de los musulmanes, esta era una buena señal de que el ejército musulmán quedaba libre de hipocrecía.

Cuando el ejército llegó a Uhud, el Profeta estudió el campo de batalla. Colocó a cincuenta arqueros en una colina cercana para vigilar un pequeño paso por la montaña por donde podría entrar el enemigo. La batalla comenzó y los musulmanes, de nuevo, eran rebasados en número por el ejército contrario; pero con la ayuda de Allah, fueron imponiéndose. La bandera de batalla de los Quraysh cayó y comenzó la retirada, mientras que los soldados musulmanes seguían tras ellos. En ese momento, un error cambiaría la victoria por la derrota. Los arqueros situados en la colina decidieron dejar sus posiciones. Habían recibido la orden de permanecer en sus puestos; pero sus ojos quedaron hechizados con el botín de guerra a su alcance. El botín que dejaban los soldados enemigos era algo así como el salario del ejército completo. Si no lo aseguraban al momento, no quedaría nada para ellos.

Khalid ibn al-Walid, de los Quraysh, era un excelente estratega militar. Inmediatamente se dio cuenta que el paso de la montaña quedaba libre, sin vigilancia. Llevó a sus jinetes al otro lado de la montaña, tal como el Profeta había sospechado que podría ocurrir. Quedaban unos cuantos arqueros en la montaña y fueron eliminados fácilmente por Khalid y sus fuerzas. Los soldados de los Quraysh que emprendían la retirada dieron la vuelta y comenzaron el contraataque. Los musulmanes se vieron atacados por ambos lados. La mayoría no pudo darse cuenta de lo que estaba pasando. Justo cuando comenzaban a ver la realidad de la situación, el Profeta fue derribado de su caballo y corrió el rumor de que había caído muerto. Algunos de los compañeros estuvieron a punto de rendirse; entonces se supo que el rumor era falso.

"¡El Profeta está aquí, está bien!", se oyó gritar una voz. Los musulmanes y los idólatras corrieron hacia él, unos para defenderlo, otros para atacarlo. Los compañeros lo rodearon, cubriéndolo de las flechas que lo atacaban. Una flecha logró evadir los escudos e hirió al Profeta en el rostro, arrojándolo al suelo. Perdió dos dientes y dos cadenas de su armadura se le clavaron en la mejilla. A pesar de la gravedad de la situación, el Profeta simplemente dijo, "Allah, perdónalos por su ignorancia".[111] Muchos compañeros perdieron la vida defendiendo al Profeta durante este sangriento episodio. Pero sus vidas no fueron en vano. El Profeta y sus compañeros lograron evadir el ataque y subieron a la cima de una colina donde el enemigo no pudo alcanzarlos. Abu Sufyan llegó hasta la colina y gritó: "¡Esta es la venganza por Badr!"

Setenta musulmanes cayeron muertos en el campo de batalla, mientras que sólo veintitrés de los Quraysh perdieron la vida. A diferencia de los musulmanes, los árabes paganos no tuvieron respeto por los cadáveres. Sedientos de sangre, los mequíes mutilaron los cuerpos de los musulmanes e incluso tomaron algunas partes como trofeos.[112] El Profeta quedó especialmente dolido por la pérdida de su tío Hamza, cuyo cuerpo quedó severamente mutilado. Los cadáveres fueron quemados y los musulmanes regresaron a Madinah. La sangre seguía manando

[111] Muslim.

[112] Bukhari.

121

del rostro del Profeta hasta que su hija llegó y cauterizó la herida.[113] La victoria de Uhud se había tornado en una amarga derrota. El Profeta recibió la revelación de varios versos donde se afirmaba que la calamidad fue resultado de esa terrible enfermedad que es la codicia. Los versos además indicaban que Allah había perdonado a los culpables, puesto que no se trató de un acto intencional de desobediencia. Los musulmanes aprendieron una gran lección: no tendrían garantizada la victoria a menos que procedieran de acuerdo a los principios del islam.

---

[113] Bukhari.

El Asesinato de Varios Maestros

Además de la pérdida de vidas, la derrota de U<u>h</u>ud también dañó severamente la reputación de los musulmanes. Dio una clara señal a las tribus vecinas de que los musulmanes eran en verdad vulnerables. Las tribus de 'U<u>d</u>al y al-Qarah solicitaron al Profeta que les enviara a algunos musulmanes para informarles del islam, así considerarían si lo aceptaban. El Mensajero de Allah despachó a seis musulmanes con conocimiento de la religión. Sin embargo, fueron asaltados en Raji por doscientos arqueros. Cuatro de ellos cayeron muertos y los otros dos fueron capturados y vendidos a los Quraysh para su tortura y ejecución.

Unos meses después, la tribu de 'Amr pidió al Profeta que enviara a un grupo numeroso de maestros musulmanes para educar a la tribu entera sobre el islam. Los musulmanes habían aprendido la lección y se pusieron en guardia; pero la tribu de 'Amr era muy poderosa y prometió protección a los maestros musulmanes. El Profeta mandó a setenta, muchos de ellos gente de <u>S</u>uffah. Sin embargo, algunos de los aliados de 'Amr era corruptos. Interceptaron a la delegación musulmana, que iba desarmada, en un pozo de agua llamado Ma'unah y los mataron a todos, excepto a uno que logró escapar.

La Expulsión de Nadir

En al-Rabi' al-Awwal 4 D.H., el Mensajero de Allah recibió información de que los judíos de Nadir planeaban traicionar a los musulmanes. El Profeta fue a visitarlos para aclarar las cosas, pero atentaron contra su vida. El Profeta logró escapar y emitió un ultimátum: tenían diez días para salir con todas sus pertenencias. Pero los judíos insistieron en la guerra y concertaron alianzas con algunos líderes árabes. El Profeta, de nuevo, tuvo que actuar rápidamente. Un ejército musulmán sitió la fortaleza de los Nadir. Después de diez días, el Profeta ordenó cortar algunas de las palmeras de Nadir, su posesión más valiosa.[114] El Profeta deseaba que se rindieran, que se dieran cuenta que perderían todo si insistían en continuar la lucha.

Finalmente se rindieron y trataron de negociar indulgencia, tal como sucedió con los Qaynuqa'. Sin embargo, su traición era más grave. Intentaron asesinar al Profeta y habían recibido la oportunidad de salir con todas sus pertenencias. Además, el Profeta ya había observado a los cautivos de Badr regresar a luchar de nuevo en Uhud. Pero su clemencia no tenía límites, así que les permitió salir con todas las pertenencias que pudieran cargar consigo. La tribu judía se reubicó en la ciudad de Khaybar, fuertemente fortificada, a unos cientos de kilómetros al norte. Una vez más, en vez de expresar agradecimiento, inmediatamente comenzaron a planear el ataque contra los musulmanes.

---

[114] Qur'an 59:5.

La Batalla de la Trinchera

Huyayy, el líder de los Nadir, fue a La Meca a promover un ataque final contra Madinah. Fácilmente convenció a los Quraysh que era hora de un asalto final contra los musulmanes. Abu Sufyan comenzó a reclutar aliados de diversas partes de Arabia. Los Quraysh lograron reunir a cuatro mil soldados de entre ellos mismos, junto con seis mil soldados más venidos del poniente de Arabia, de Najd. Tan pronto como el Mensajero de Allah recibió noticias del enorme ejército, comenzaron los preparativos para la defensa.

Era necesario decidir si el ejército musulmán de tres mil hombres debía salir a enfrentarse al enemigo o permanecer dentro de la ciudad. Salman, quien era originario de Persia, sugirió una táctica foránea de guerra que consistía en cavar una zanja alrededor de las partes de la ciudad que no estuvieran fortificadas para impedir el acceso al enemigo. Se trataba de un enorme projecto; pero se facilitó porque había un terreno montañoso alrededor de Madinah por el cual la caballería no podría cruzar. La idea fue aceptada y todos los musulmanes de la ciudad comenzaron a cavar. Después de dos semanas de gran esfuerzo, se cavó una zanja de casi cinco metros de profundidad alrededor de prácticamente la ciudad. Antes de que comenzara la batalla, los hipócritas hicieron varias excusas y abandonaron a los musulmanes.

Cuando el ejército de la coalición llegó, quedaron sorprendidos. Los árabes nunca habían visto una estrategia militar igual. Pero los Quraysh también tenían sus tácticas. Enviaron a buena parte de su ejército al norte de Madinah para que los musulmanes concentraran sus defensas en esa región, dejando libre la parte sur por donde los Quraysh cruzarían entonces la zanja. La única tribu judía que quedaba en Madinah era, precisamente, la de Qurayzah, que vivía en el sur. Huyyay, que acompañaba al ejército aliado, los visitó y los convenció de abandonar el pacto con los musulmanes. Cuando el Profeta se enteró de esta traición, envío a varios arqueros a defender la parte del sur; pero ocultó la información al ejército musulmán. Ya tenían demasiados problemas y el Profeta no quiso que perdieran la esperanza si se enteraban de que la defensa al sur corría peligro. Unos cuantos soldados de los Quraysh lograron saltar una parte angosta de la zanja; pero los soldados musulmanes al otro lado les dieron muerte.

El sitio duró casi un mes. El clima era muy frío y había mucho viento por la noche; los suministros de los aliados se agotaban. Algunos comenzaron a retirarse y corrieron rumores de traición dentro de las filas enemigas. Abu Sufyan finalmente se dio por vencido y los aliados emprendieron el regreso, sin haber obtenido el éxito. Con la ayuda de Allah, los musulmanes se salvaron de la batalla. Fue también una victoria simbólica. La suerte había cambiado, Madinah nunca sería atacada de nuevo.

Los Traidores de Qurayzah

La amenaza había concluído; pero no hubo tiempo para descansar. El Profeta inmediatamente reunió a trescientos soldados para encargarse de los traidores de Qurayzah. El ejército musulmán rodeó la fortaleza y cortó todos sus suministros. Los Qurayzah resistieron por casi un mes ya que estaban muy conscientes de lo que habían hecho y de la suerte que les esperaba. Finalmente, se dieron por vencidos y pidieron clemencia. El Profeta ya había mostrado compasión con las otras dos tribus judías; ahora corría la voz de que cualquiera podía traicionar a los musulmanes y salirse con la suya. Pero el crimen de los Qurayzah era mucho más grande que el de los Qaynuqa' o el de los Nadir. Su traición ocurrió durante un ataque a Madinah y pudo haber ocasionado el exterminio de toda la población musulmana. No sólo fueron culpables de romper el pacto o tratar de matar a un hombre, ahora se trataba de toda la sociedad musulmana.

El Profeta decidió ser clemente con ellos de otra forma. Les permitió escoger quién sería la persona que determinaría su suerte. Antes del islam, los Qurayzah estaban aliados con la tribu de los Aws en contra de los Khazraj y otros aliados judíos. Decidieron que un hombre de los Aws fuera escogido para decidir su suerte, puesto que ya habían tenido relaciones cordiales con ellos. El Profeta eligió a uno de los líderes de los Aws, Sa'd ibn Mu'adh para decidir la sentencia. Sa'd determinó que se diera muerte a los hombres combatientes y que las mujeres y los niños fueran tomados como cautivos de guerra. El veredicto cumplía con las leyes judías de la Torah, así que nadie objetó.[115] El mensaje para el resto de Arabia fue claro y fuerte:

---

[115] Deuteronomio 20:12-14.

los musulmanes son misericordiosos, mas no permitirán que se abuse de ellos.

El Tratado de Hudaybiyah

En Dhul Qa'dah 6 D.H., el Profeta salió con mil cuatrocientos musulmanes a visitar la Ka'bah. Tal acción hubiera parecido una locura, dadas las circunstancias; pero el Profeta había recibido una revelación de Allah en forma de sueño, en la que él visitaba la Ka'bah con la cabeza rasurada. El grupo de musulmanes, guiados por el Profeta, informó a todos que la misión era de carácter enteramente religioso. No era nada fuera de lo ordinario. Cada vez que una tribu deseaba visitar La Meca, lo hacía usualmente durante el mes sagrado en que la guerra estaba prohibida; no llevaban armas especiales para la guerra, ni animales para el sacrificio. Al enterarse los Quraysh, se enfrentaron con un dilema. No podían permitir que su enemigo declarado entrara a La Meca; pero tampoco podía detener al grupo ni hacerle daño. El honor de los Quraysh debía mantenerse intacto.

Decidieron entonces enviar a Khalid ibn al-Walid con doscientos jinetes a amenazar a los musulmanes, que viajaban desarmados; pero el Profeta tomó un desvío alrededor de La Meca para evadirlos. Al poco tiempo, los musulmanes llegaron a un llano conocido como al-Hudaybiyah, justo en las afueras de La Meca. El Profeta despachó a un hombre para informar a los líderes que no venía a luchar, sólo a visitar la Ka'bah. También era su deseo firmar un acuerdo de paz. El Profeta esperaba que los Quraysh consideraran hacer las paces con los musulmanes, después de su fallido ataque a Madinah, ya que un acuerdo también garantizaría a sus caravanas el paso seguro hacia Siria. Un negociador fue enviado a los musulmanes para convencerlos de regresar a Madinah; pero los creyentes se mantuvieron firmes en su derecho de visitar la Ka'bah. Tres negociadores más fueron enviados, uno tras otro; pero cada vez que se hacía un acuerdo, los Quraysh lo rechazaban. Finalmente, el Profeta decidió enviar a 'Uthman, el cual aún tenía muchos lazos tribales en La Meca, a negociar con los Quraysh.

Tres días pasaron sin noticias de 'Uthman. Surgió el rumor de que había sido asesinado, lo cual sería una abierta declaración de guerra. El Profeta actuó con rapidez y llamó a todos sus acompañantes. No estaban preparados para la guerra, no contaban con armaduras ni escudos; pero era costumbre portar espadas y flechas en las travesías por el desierto. El Profeta se sentó bajo un árbol mientras sus acompañantes, hombres y mujeres, juraron dar su apoyo hasta la muerte. Este juramento fue conocido después como el 'Juramento de Ridwan (Satisfacción)', puesto que Allah había revelado su complacencia con aquellos que habían jurado.[116] Sin embargo, al poco tiempo se supo que el rumor era falso y 'Uthman regresó.

No fueron esas las únicas buenas noticias, un hombre llamado Suhayl ibn 'Amr fue enviado por los Quraysh para negociar. Era un hombre muy importante y astuto; los mequíes finalmente estaban dispuestos a llegar a un acuerdo. La valentía de los musulmanes los había obligado a optar por la paz. Las discusiones entre el Profeta y Suhayl continuaron por largo tiempo hasta que, finalmente, el acuerdo quedó sentado por escrito. El tratado contenía las siguientes disposiciones:

1. No habría guerra entre musulmanes y Quraysh por los próximos diez años.

2. Este año, los musulmanes regresarían a Madinah sin haber visitado la Ka'bah. Sin embargo, podrían regresar el próximo año por sólo tres días.

---

[116] Qur'an 48:18.

3. Si algún musulman de Madinah decidía dejar al islam y regresar a La Meca, podría hacerlo. Sin embargo, si alguien de La Meca decidía aceptar el islam e irse a Madinah, sería llevado de vuelta a los Quraysh.

4. Ambas partes podrían establecer alianzas con las tribus que quisieran y éstas quedarían también bajo las disposiciones del tratado.

Cuando los compañeros se enteraron del acuerdo, lo tomaron como una bofetada. Su peregrinación se retrasaba y, además, quedaba muy limitada el año siguiente; no parecía justo tener que regresar a todo musulmán perseguido a La Meca. Hacía tan sólo unos momentos que habían jurado luchar hasta la muerte. Ahora se sentían insultados por un acuerdo que parecía beneficiar a una sola parte. Pero el Profeta no los consultó esta vez, como solía hacer. El acuerdo era un mandato de Allah; por lo tanto, no había lugar para la opinion de alguien más.

El Islam se extiende

Tan pronto como los musulmanes partieron, el Profeta recibió una nueva revelación: "Ciertamente, hemos abierto para ti el camino a una clara victoria", refiriéndose al nuevo acuerdo de paz. Después de tantos años de guerra y persecución, finalmente llegaba la paz. Los musulmanes y los idólatras comenzaron a relacionarse libremente entre sí. En los siguientes dos años, hubo más gente que aceptó el islam que en los pasados dieciocho años. Un ambiente opresivo y hostil no permite a la gente pensar claramente. Al poco tiempo, hasta los peores enemigos del islam, como Khalid (responsable de la masacre en Uhud) y 'Amr ibn al-'As (quien había tratado de extraditar a los musulmanes de Abisinia), abrieron sus corazones al mensaje del islam.

Al año siguiente, el Mensajero de Allah envió a emisarios con cartas dirigidas a los más poderosos líderes de toda Arabia y sus alrededores. La mayoría de las cartas eran similares: comenzaban en el nombre de Allah, declaraban que Muhammad era el Mensajero de Allah, invitaban a los líderes a aceptar el islam y les advertía que, si se negaban, cargarían la responsabilidad de impedir que el mensaje llegara a sus seguidores. El rey de Abisinia y el rey de Bahrayn aceptaron el islam, mientras que Kisra, el emperador de Persia, furiosamente rompió la carta en pedazos y dio muerte al emisario musulmán. El gobernante del norte de Arabia también respondió con hostilidad y amenazó con atacar Madinah. El rey de Egipto, Muqawqas, respetuosamente declinó la invitación; pero envió regalos al Profeta como gesto de buena fe. El Profeta aceptó los regalos y mantuvo relaciones cordiales con él.

Cuando Heraclio, emperador de Bizancio, recibió la carta, comenzó a investigar el asunto. Ordenó a sus guardias ir en busca de algunos árabes que se encontraran en la región para hacerles preguntas. Sucedió que el único que se encontraba en la zona era Abu Sufyan, en un viaje de negocios. Fue llevado ante la corte romana con sus seguidores, que se mantuvieron de pie detrás de él. Heraclio le informó que le haría algunas preguntas acerca del hombre que decía ser profeta y que sus seguidores harían una señal si él estaba mintiendo. Era una táctica genial para cerciorarse de la verdad y dar a los testigos la oportunidad de contradecir a su líder.

El interrogatorio comenzó:

Heraclio: ¿Qué linaje posee ese hombre entre los tuyos?

Abu Sufyan: Es de noble linaje.

Heraclio: ¿Ha dicho alguien lo mismo antes de él?

Abu Sufyan: No.

Heraclio: ¿Alguno de sus ancestros fue rey?

Abu Sufyan: No.

Heraclio: ¿Lo sigue la gente noble o los débiles y pobres?

Abu Sufyan: Los débiles y pobres.

Heraclio: ¿Sus seguidores aumentan o disminuyen?

Abu Sufyan: Aumentan.

Heraclio: ¿Aquellos que aprenden su religión la rechazan después?

Abu Sufyan: No.

Heraclio: ¿Alguna vez lo acusaste antes de ser mentiroso?

Abu Sufyan: No.

Heraclio: ¿Alguna vez te ha engañado?

Abu Sufyan: No, pero tenemos un acuerdo de paz y no sabemos cómo puede actuar.[117]

Heraclio: ¿Qué es lo que les ordena hacer?

Abu Sufyan: Quiere que adoremos sólo a Allah y abandonemos la idolatría. Quiere que abandonemos las costumbres de nuestros ancestros, que rezemos, demos caridad, etc.

Heraclio respondió: "Te he hecho todas estas preguntas para saber si él es un verdadero profeta. Los profetas siempre descienden de familias nobles. Si alguien ha manifestado lo mismo antes, entonces se podría decir que es un imitador. Si alguno de sus antepasados fue rey, se podría decir que está tratando de reestablecer su reino. Como tú me has dicho que nunca ha sido acusado de mentiroso, me pregunto por qué se abstiene de mentir a la gente, pero sí miente acerca de Dios. Me has dicho que los pobres y los débiles lo siguen, así sucede con la mayoría de los profetas de Dios". El rey siguió dando sus razones para cada pregunta hasta que todos los de la corte real se dieron cuenta que el rey simpatizaba con el islam. Los dignatarios, que seguían la fe cristiana, comenzaron a levantar la voz y a gritar. Cuando el rey vió que sus súbditos nunca aceptarían el islam, dijo para calmarlos: "Sólo estaba probándolos para ver qué tan fieles me son". Los presentes se

---

[117] Abu Sufyan admitió después que éste fue el único enunciado negativo que pudo incluir durante el interrogatorio.

calmaron y se postraron ante su rey, como era la costumbre. Se desconoce verdaderamente qué es lo que sentía el rey en su corazón y lo que sucedió después.

El sitio a Khaybar

Había una relativa calma en Arabia, particularmente entre los musulmanes, los Quraysh y todas las otras tribus con las que habían pactado alianzas. Sin embargo, aún quedaba un gran enemigo al norte de Madinah sin intención alguna de aliarse con los musulmanes, ni tampoco con los Quraysh. Los judíos de Khaybar estaban muy influenciados por los miembros de los Qaynuqa' y los Nadir, los cuales culpaban al Profeta por su expulsión de Madinah. Además, estaban lejos de mantenerse neutrales. De hecho, fue en Khaibar donde los Quraysh fueron incitados a unir las fuerzas aliadas para el ataque a Madinah hacía dos años. El Profeta recibió información de que estaban planeando algo contra los musulmanes, así que decidió poner fin al peligro antes de que la situación se agravara.

Khaybar consistía de algunas edificaciones muy bien fortificadas y tenía la abilidad de juntar a más de diez mil soldados con la ayuda de sus aliados. El Profeta decidió tomarlos por sorpresa en Muharram 7 D.H. El ejército musulmán consistía de apenas mil seiscientos soldados, los cuales viajaron de noche y rodearon algunas de las fortalezas. Cuando la gente de Khaybar despertó por la mañana, se dio cuenta que las comunicaciones habían sido cortadas y que tenían bloqueado el acceso a sus provisiones. Era la oportunidad perfecta para concertar un acuerdo de paz; pero ellos insistieron en hacer la guerra. Los musulmanes se concentraron en una sola fortaleza a la vez, comenzando por la más debil. Fortaleza tras fortaleza fue cayendo. La última fortaleza fue la mas difícil de vencer y el sitio duró dos semanas. Finalmente se rindió con la condición de que no se les diera muerte. Trataron de negociar con el Profeta después de la derrota. Eventualmente, el Profeta les permitió permanecere en Khaybar, ya que se trataba de una tierra muy fértil y ellos eran muy hábiles labradores. Pero a cambio tuvieron que pagar a los musulmanes un impuesto por cosecha. Este sitio marcó el fin de las hostilidades entre judíos y musulmanes.

La Expedición de Mu'tah

Unos cuantos meses después, un grupo de musulmanes que viajaba hacia Siria fue asesinado por la tribu de Ghassan, aliada de los romanos. El Profeta tenía que responder, así que envió a tres mil soldados con Zayd ibn Harithah al frente. El Profeta sabía que el lugar se encontraba cercano a territorio romano y que los enormes recursos del ejército romano estaban a disposición de los aliados. Anunció que si Zayd moría, Ja'far quedaría al frente y si éste moria, entonces 'Abdullah ibn Rawahah se haría cargo. Las fuerzas árabes se concentraron y fueron asistidas por tropas imperiales bizantinas, alcanzando la suma de más de cien mil soldados perfectamente equipados.

Los musulmanes nunca habían visto un ejército tan grande. Se consultaron entre ellos para decidir si debían enviar un mensaje al Profeta informándole de las dimensiones del ejército enemigo. Finalmente, decidieron hacer a un lado sus temores y proceder como estaba planeado. La batalla comenzó y los tres líderes murieron. Los musulmanes nombraron a Khalid ibn al-Walid como jefe del ejército. Khalid reorganizó las tropas de manera que pudieron emprender la retirada sin sufrir grandes pérdidas de vida. Cuando llegaron a Madinah, el Profeta se entristeció mucho con las muertes de su hijo adoptivo y de su primo. Pero se sintió muy orgulloso del genio militar de Khalid y lo apodó 'la espada de Allah'.

Conquista de La Meca

En el año 8 D.H., la tribu de Bakr atacó a la tribu de Khuza'ah, que era aliada de los musulmanes. Los Khuza'ah inmediatamente pidieron ayuda al Profeta, ya que Bakr estaba aliada con los Quraysh. Este ataque era una violación del acuerdo de Hudaybiyah. Más adelante se supo que los Quraysh habían puesto a disposición de su aliado las armas para el ataque. Los Quraysh estaban conscientes de su culpa y enviaron a Abu Sufyan a Madinah para negociar de nuevo el tratado. El Profeta era hombre de palabra y debía prestar ayuda a sus aliados, así que guardó silencio y no dio respuesta. Los Quraysh no supieron cómo interpretar ese silencio. ¿Se había roto el pacto o seguía vigente?

Unas semanas después, el Profeta giró órdenes a varios batallones para iniciar la marcha hacia diferentes puntos, completamente armados. Los rumores comenzaron a circular de que probablemente iba a luchar contra los romanos de nueva cuenta, o quizás se dirigía al oriente a vengar la muerte de los maestros musulmanes. En cuestión de días, los batallones recibieron la orden de marchar directamente a La Meca y rodearla por todos lados. La ciudad despertó un día viéndose completamente cercada por el enorme ejército musulmán. El plan era causar alarma entre los Quraysh y obligarlos a rendirse pacíficamente. Abu Sufyan, al ver la situación y consciente del empeño de los musulmanes, decidió rendirse.

El Mensajero de Allah entró a La Meca con todo su ejército y fue directo a la Ka'bah, donde dio el siguiente anuncio a los líderes que lo habían combatido e intentado matar en varias ocasiones y que habían perseguido a sus seguidores: "Hoy todos ustedes son libres de partir. No tomaré venganza en contra de ustedes". Al ser testigos de la clemencia del Profeta, muchos mequíes aceptaron el islam. El Profeta entró a la Ka'bah y todos los ídolos que ahí se encontraban fueron destrozados. Bilal ascendió a lo alto de la Ka'bah e hizo el llamado a la oración.

Habían pasado siglos desde que el sitio construído por Ibrahim y su hijo había sido dedicado a la adoración exclusiva de Allah.

Las Batallas de Hunayn y Ta'if

Después de la derrota de los Quraysh, Arabia ya no fue la misma. Los musulmanes eran vistos como una de las fuerzas más poderosas en toda la región. Sucedió que algunas tribus quisieron aprovechar su última oportunidad de atacar a los musulmanes antes de que tomaran posesión de toda la península. La tribu de Hawazin reunió a sus aliados para hacer la guerra al Profeta. El poderoso ejército comenzó la marcha y acampó en el valle de Hunayn, unos kilómetros al oriente de La Meca, con sus arqueros estratégicamente situados en las colinas. El Profeta salió con doce mil musulmanes a enfrentarlos. Este era el ejército más grande y mejor equipado que los musulmanes habían amasado; el orgullo se sentía en las filas musulmanas. Al entrar al valle, fueron atacados por flechas que venían de todas direcciones; la sorpresa fue mayúscula. El valle era angosto y se sintieron atrapados. Muchos soldados comenzaron a dispersarse por todas partes. Entre los pocos que se quedaron firmes en su sitio estaba el Profeta. Eventualmente, pudo reunir a sus tropas de nuevo y emprendió el contraataque. En poco tiempo, la suerte cambió y ahora el enemigo era el que se retiraba.

Huyeron hacia al-Ta'if, donde habían humillado y expulsado al Profeta hacía apenas diez años. Los musulmanes sitiaron la ciudad fuertemente fortificada. Después de dos largas semanas de lucha, fue evidente que los líderes de la ciudad contaban con las suficientes provisiones para sobrevivir un año entero, así que los musulmanes los dejaron. Los Hawazin ya habían sido derrotados y no representaban peligro.

Después de la batalla de Hunayn, el ejército musulmán contaba con un botín de guerra como nunca antes había visto. Se trataba de miles de prisioneros y decenas de miles de camellos y ovejas que el ejército había dejado; es decir, absurdamente habían llevado todas sus posesiones al campo de batalla. Cuando llegó la hora de distribuir las riquezas, el Profeta primero dio grandes cantidades a los nuevos musulmanes que aceptaron el islam después de la conquista de La Meca. Líderes como Abu Sufyan y su familia recibieron cientos de camellos y ovejas y cuando pidieron una mayor cantidad, recibieron aún más. Los Ayudantes, que no tenían relaciones familiares directas con la gente de La Meca, se quejaron al enterarse de esta distribución desigual. El Profeta los reunió y ofreció la siguiente explicación: "Doy a un grupo de gente mientras otro grupo está más cerca de mi corazón. ¿No están satisfechos con que regrese a Madinah a vivir permanentemente con ustedes?" Los Ayudantes, después de una breve reflexión, pudieron comprender. Estos nuevos musulmanes eran favorecidos simplemente porque su fe era aún débil. Los Ayudantes, por su parte, no padecían esa debilidad y, por lo tanto, no tenían necesidad de ese favor material. El Profeta regresó con sus Compañeros a Madinah hacia el final del octavo año D.H.

La Expedición de Tabuk

En el mes de Rajab del noveno año D.H., los musulmanes recibieron información de que los romanos preparaban un ataque a La Meca. Arabia nunca había sido considerada una amenaza para el imperio persa ni para el romano, puesto que los árabes nunca estuvieron unidos en un sólo frente. A pesar del intenso calor y la hambruna, el Profeta decidió salir a su encuentro antes de que pudieran llegar a Arabia. Se trataba de una de las expediciones más difíciles: el viaje bajo el intenso calor del verano era largo; además, las fuerzas romanas eran de las más disciplinadas y mejor equipadas del mundo. El Profeta solicitó donativos para la causa, según las posibilidades de cada quien. Algunos como Abu Bakr donaron todas sus pertenencias, mientras que los musulmanes más acaudalados donaron grandes sumas de dinero y provisiones. A pesar de tanta generosidad, hubo muchos que no tuvieron posibilidad de unirse al ejército y regresaron a sus casas con lágrimas en los ojos.[118] Treinta mil acompañantes partieron con el Profeta hacia el norte. Al llegar a Tabuk, en el norte de Arabia, no encontraron rastro alguno de los romanos. Al parecer, se habían asustado ante la cercanía del enorme ejército musulmán. El Profeta decidió acampar por veinte días ante la posibilidad de que estuvieran planeando un enfrentamiento. El sólo tamaño del ejército musulman envió un mensaje para toda Arabia y el Imperio Bizantino: los musulmanes representaban una fuerza de verdad. Algunas tribus en el norte captaron el mensaje y se dieron cuenta que ya no necesitaban aliarse con los romanos para garantizar su seguridad, así que pactaron acuerdos de paz con el Profeta.

---

[118] Qur'an 9:92.

Cuando el ejército musulman regresó a Madinah, hubo cuentas que arreglar. El Profeta había dicho claramente que todo musulmán adulto capaz tenía el deber de unirse a la expedición militar, sin importar los esfuerzos u obstáculos. Los únicos que quedaban exentos eran los ancianos y los enfermos. Empero, hubo algunos que se quedaron detrás y éstos dieron al Profeta toda clase de excusas. Fue fácil concluir que fueron los hipócritas los que se quedaron; pero el Profeta aceptó sus excusas, al menos públicamente. Sin embargo, hubo tres musulmanes que abiertamente admitieron no tener más excusa que su propia pereza. El Profeta decretó un periodo de cincuenta días sin contacto social para estos tres. Ningún musulmán les podía dirigir la palabra o tener comunicación alguna con ellos. Como los tres eran verdaderos creyentes, lo más difícil para ellos fue no poder comunicarse con el mismo Profeta. Después de cincuenta días, llegó la revelación de que Allah los había perdonado. Los hombres mostraron su agradecimiento; habían aprendido la lección.

Después de la conquista de La Meca y la expedición de Tabuk, decenas de tribus árabes de toda la península comenzaron a enviar delegaciones a Madinah para hacer oficial su aceptación del islam. La mayoría de los árabes adoptaron una actitud de espera para ver cómo se resolvía el conflicto entre los musulmanes y los Quraysh. Muchos creían en el fondo que si Muhammad era de verdad un profeta, Allah le concedería la victoria. Ahora que veían que los musulmanes habían alcanzado esa victoria, estaban dispuestos a ofrecer su lealtad. Sin embargo, no todas las tribus tenían intenciones sinceras. La realidad de algunas personas que profesan el islam sólo de palabra quedó evidente en los siguientes versos revelados:

"Los árabes del desierto dicen, creemos. Di, no creéis, decid más bien, nos hemos sometido. La fe aún no ha entrado en vuestros corazones".[119]

El Qur'an afirmó claramente que una persona puede adquirir ciertos beneficios en este mundo al entrar a la vida del islam de forma externa; pero el verdadero beneficio sólo se dará cuando la aceptación sea interna, de todo corazón. Algunas tribus visitaron al Profeta y pactaron un acuerdo de paz, sin interesarse por aceptar el islam.

---

[119] Qur'an 49:14.

El Viaje de Despedida

Near the end of 9 A.H., the Prophet informed the tribes around Arabia that he was planning to personally perform pilgrimage to Makkah. About a hundred thousand Muslims from all over Arabia took up the opportunity to be with the Prophet and made their way to Makkah. Undertaking the journey was a clear demonstration of their newfound faith in Islam, since there were no idols left in Makkah. While performing the rituals associated with the Pilgrimage, the Prophet stood on a mountain in the plains of 'Arafāt and delivered a speech to an audience of about 150,000 Muslims, known as the 'farewell sermon'. The lecture consisted of the following revolutionary points:

- All sums of interest on loans are cancelled
- All tribal retaliation for past murders are cancelled
- Women have rights over men, who must be careful to fulfill those rights
- The blood and property of a Muslim is sacred, so no one should violate that sanctity unjustly
- No Arab has any superiority over a non-Arab, or vice versa. The color of your skin does not determine superiority. Cerca del fin del noveno año D.H., el Profeta informó a las tribus de Arabia sobre su plan de hacer la peregrinación a La Meca. Alrededor de cien mil musulmanes de toda Arabia tomaron la oportunidad para estar con el Profeta y viajar a La Meca. Realizar el viaje era una clara demonstración de su nueva fe en el islam, puesto que ya no quedaban más ídolos en La Meca. Mientras hacía los rituales asociados con la peregrinación, el Profeta se situó de pie en una montaña en los llanos de 'Arafat y dio un discurso ante

una concurrencia de aproximadamente ciento cincuenta mil musulmanes, conocido como 'el sermón de despedida'. El discurso consistió de los siguientes puntos, verdaderamente innovadores:

- Todas las sumas de interés en préstamos quedan canceladas.
- Toda represalia tribal por asesinatos pasados queda cancelada.
- La mujer tiene derechos sobre los hombres; los hombres deben cumplir con estos derechos.
- La sangre y la propiedad de un musulmán es sagrada, nadie debe violar esta santidad injustamente.
- Los árabes no son superiores a otras razas, ni viceversa. El color de la piel no indica superioridad.

La Muerte del Profeta

La misión del Profeta alcanzó su cumplimiento. Había comunicado el mensaje del islam y erradicado la idolatría y los vicios sociales de toda la península arábiga. Dos meses después de su retorno de La Meca, el Mensajero de Allah cayó víctima de una alta fiebre y dolor de cabeza. Se debilitó mucho; pero siguió asistiendo a la mezquita y dirigía las oraciones sentado, mientras el resto de los musulmanes oraban de pie tras él. Finalmente, al cabo de unos días, estuvo demasiado enfermo para ponerse en pie y asistir a la mezquita. Cada vez que hacía la ablusión y trataba de ponerse en pie, se desmayaba. Al volver en sí, dio una señal a Abu Bakr para que dirigiera la oración, mientras que él rezaba en su habitación. Así continuó por varios días hasta que finalmente falleció la mañana del doce de al-Rabi' al-Awwal.

Cuando los musulmanes que esperaban dentro de la mezquita escucharon la noticia quedaron fuertemente impactados. 'Umar sacó su espada y gritó: "¡Aquel que diga que el Profeta ha muerto, le cortaré la cabeza en este momento!" Quizás pensó que los hipócritas habían difundido el rumor o probablemente estaba tan invadido por la pena que le costaba trabajo aceptar lo que había ocurrido. Abu Bakr entró a la habitación donde estaba tendido el Profeta, verificó la información y salió para decirle a la gente que el rumor era cierto. Pero todos estaban tan agitados que no prestaron atención. Abu Bakr se paró en una esquina de la mezquita, levantó la voz y comenzó a hablar: "¡Pueblo, escuchen! ¡Aquel que rinda culto a Muhammad, que sepa que Muhammad está muerto! ¡Pero quien rinda a culto a Allah, que sepa que Allah está vivo y no morirá nunca!" Entonces recitó un verso del Qur'an que todos conocían, pero que los había eludido a causa de la emoción:

"Muhammad no es sino un mensajero, antes del cual ya hubo otros mensajeros. Si muriese o lo mataran, ¿volverías sobre vuestos talones? Quien se vuelva sobre sus talones, no perjudicará a Allah en absoluto. Y Allah recompensará a los agradecidos".[120]

Los musulmanes inmediatamente recobraron la calma. Parecía como si el verso hubiera sido revelado por primera vez. El mensaje era claro: El Profeta fue sólo el medio para que el mensaje de Allah llegara a todos. El éxito de todo ser humano está en su relación con el Maestro del maestro y en seguir la guía de Allah.

---

[120] Qur'an 3:144.

Epílogo

Seguidores y detractores han tenido que reconocer, voluntaria o involuntariamente, que Muhammad ha sido la personalidad religiosa con más éxito en la historia de la humanidad. Un análisis cabal de la historia no revela que haya existido otro reformador capaz de transformar totalmente a su sociedad en un tiempo tan corto y con tan pocos recursos a su alcance. Cientos de males, de carácter espiritual y moral, como la prostitución, el alcohol y los juegos de azar, fueron totalmente apartados de una sociedad adicta a esos vicios.

Aquellos que ven la vida de Muhammad con admiración por el cáracter y entereza del Profeta, tienen la razón. Sentirán admiración por la nobleza de su corazón, por sus aptitudes al frente del ejército, por su sencillez y desapego de las cosas de este mundo, etc. Todo ser humano ve a través de los ojos de su propia experiencia y admira ciertas características humanas que considera importantes. Sin embargo, ver sólo lo que uno quiere ver, especialmente cuando se trata de un hombre que dijo ser el último vínculo entre Dios y el hombre, es como caminar por un sendero lleno de peligros. En el camino, la persona se encuentra con un hombre que le advierte sobre los peligros que se avecinan; pero en vez de prestar atención al consejo que recibe, o de tratar de averiguar si el hombre es honesto, comienza a admirar sus ropas y se divierte con su forma de hablar. Muhammad dio un mensaje y advirtió sobre los peligros de ignorar la guía. La justicia exige que su afirmación de ser profeta reciba, al menos, alguna consideración por parte de aquellos que han sido informados sobre el mensaje del islam.

Apéndice 1 – las Primeras Fuentes de Información

Los primeros escritos existentes de Sirah fueron realizados por ibn Ishaq (f. 151 D.H.), al-Waqidi (f. 207 D.H.), ibn Sa'd (f. 230 DH) y al-Tabari (f. 310 D.H.). La mayor parte de los eruditos posteriores basó sus estudios en estos trabajos. La obra de ibn Ishaq, que más tarde fue resumida por ibn Hisham, fue dirigida a un público masivo y es el libro que popularizó el género. Sigue siendo el libro más leído sobre este tema y erróneamente se le considera el más acertado debido a su popularidad. Sin embargo, otros eruditos como al-Zarqani, ibn Hajar, al-Dhahabi e ibn Kathir, optaron por un método diferente para el estudio de la *sirah*. Estos eruditos trataron de combinar los reportes de Hadith con estas obras bibliográficas, dando preferencia a los primeros cuando surgía algún conflicto, ya que el estudio del Hadith es una ciencia más precisa y auténtica. Tal esfuerzo requiere amplio conocimiento de los dos campos de estudio, lo cual no era común. Cualquier intento por estudiar la vida del Profeta debe basarse en los siguientes materiales: el Qur'an, Hadith, biografías del Profeta, biografías de sus compañeros y libros generales de historia.

Made in the USA
San Bernardino, CA
22 May 2018